Alexandra Reinwarth

DAS
FITNESS
PROJEKT

AF217808

Alexandra
Reinwarth

DAS
FITNESS
PROJEKT
Wie ich (fast) jeden Scheiß ausprobierte,
um in Form zu kommen

mvgverlag

Bibliografische Information der Deutschen Nationalbibliothek:
Die Deutsche Nationalbibliothek verzeichnet diese Publikation in der
Deutschen Nationalbibliografie; detaillierte bibliografische Daten sind im
Internet über http://d-nb.de abrufbar.

Für Fragen und Anregungen:
info@mvg-verlag.de

2. Auflage 2015
© 2012 by mvg Verlag, ein Imprint der Münchner Verlagsgruppe GmbH
Nymphenburger Straße 86
D-80636 München
Tel.: 089 651285-0
Fax: 089 652096

Umschlaggestaltung: Maria Wittek, München
Umschlagabbildung: iStockphoto
Satz: HJR, Jürgen Echter, Landsberg am Lech
Druck: Books on Demand GmbH, Norderstedt
Printed in Germany

ISBN Print 978-3-86882-342-4
ISBN E-Book (PDF) 978-3-86415-270-2
ISBN E-Book (EPUB, Mobi) 978-3-86415-291-7

Weitere Informationen zum Verlag finden Sie unter

www.mvg-verlag.de

Beachten Sie auch unsere weiteren Verlage unter
www.muenchner-verlagsgruppe.de

INHALT

EINLEITUNG

Kennen Sie das auch, dass sich plötzlich alle Freundinnen bei einem Yogakurs anmelden oder damit anfangen durch den Park zu rennen, bis die Birne rot ist? Sogar meine Mutter rafft sich auf und geht jetzt mit Skistöcken spazieren. Nein, spazieren geht man ja nicht mehr, sie geht *walken*. (Ich hatte zunächst »stalken« verstanden, was einen hübschen Moment der Verwirrung hervorbrachte.)

Ich habe den Eindruck, dass mein komplettes Umfeld eine magische Grenze überschritten hat, hinter der man automatisch anfängt, etwas »für sich zu tun«. Nur ich bummle immer noch VOR dieser Grenze herum.

Obwohl ich natürlich weiß, dass Bewegung guttut. Das ist eine Weisheit, die habe ich irgendwo hinter *Spinat hat gar nicht so viel Eisen* abgespeichert. Bis vor Kurzem hatte sie aber nicht die geringste Auswirkung auf mein Leben, im Gegenteil: Joggern, die mir während eines Spaziergangs keuchend entgegenkamen, begegnete ich mit einer Mischung aus Igno- sowie Arroganz, während ich an den Spruch eines befreundeten Orthopäden dachte: »Sehr schön, alles neue Knie-Patienten.«

Aber irgendetwas hat sich doch verändert. Eine leise Stimme in meinem Kopf flüstert mir zu: »Mach dich nur lustig über das rote Gesicht der Joggerin, aber das Rot wird wieder abklingen – deine Orangenhaut jedoch ...« So geht das in einer Tour.

Meine Abneigung gegen sportliche Aktivitäten hat sich vermischt mit einem schlechten Gewissen, besagter Orangenhaut und unzähligen Werbespots, in denen gut gelaunte Frauen in knappen Spaghetti-Träger-T-Shirts und noch knapperen Shorts durch den Park laufen. Diese (unschöne) Mischung ist nicht ohne Wirkung geblieben: Ich bemerke einen steten Sinneswandel.

Ich möchte mir auch etwas Gutes tun, mehr noch, mein Leben soll irgendwie besser, gesünder, fitter, jünger, knackiger und Yogurette-artiger werden.

Erste Auswirkungen habe ich im Supermarkt bemerkt, da kaufe ich nämlich seit geraumer Zeit in der Bio-Abteilung ein. Außerdem falle ich neuerdings auf unverschämt teure Kosmetikprodukte herein, die mir versprechen, mich innerhalb von zwei Wochen gesünder, fitter, jünger, knackiger und Yogurette-artiger zu machen. Kürzlich erwischte ich mich sogar dabei, wie ich FREI-WILLIG, statt mit der Rolltreppe zu fahren, die Treppe genommen habe.

Vielleicht sind Sie ja eines dieser durchtrainierten Hühner und machen morgens auf dem Balkon erst mal Ihre Gymnastik-Shanti-Übungen, dann wird Sie das nicht weiter verwundern, aber für mich ist das relativ neu.

Vermutlich ging diese Veränderung einher mit einigen sehr leichten, aber auch sehr untrüglichen Zeichen dafür, dass mein Körper nicht für immer der einer Mittdreißigerin sein wird, sondern tatsächlich einem Alterungsprozess unterworfen ist. An und für sich ist das natürlich kein Problem, welche aufgeklärte, moderne Frau hat heute schon noch Probleme damit, älter zu werden – aber kann man dabei nicht wenigstens jung und umwerfend aussehen? Seit ich mich mit dieser Problematik herumschlage und meinen

Freundes- und Bekanntenkreis großzügig daran teilhaben lasse, bekomme ich die verschiedensten Empfehlungen und Ratschläge. Ich sehe mich einer unendlich großen Palette von Möglichkeiten gegenüber, mich selbst zu quälen. So scheint es mir zumindest. Die geneigten Berater schwören alle, ihr Fritzchen-Futzi-Kurs mache »total Spaß« und sei sowieso das Beste, was es gibt. Alles andere könne ich praktisch vergessen. Wenn ich dann kurz davor bin, mich für den Fritzchen-Futzi-Kurs anzumelden, versichert mir prompt der Nächste, dass der einzig wahre, weil ganzheitliche Weg zu einem fitteren Ich in der Franz-Fetzi-Methode liegt. »Totaler Blödsinn«, sagt meine Freundin Jana und drückt mir eine Frauenzeitschrift in die Hand: *Jetzt herausgefunden: Die Franz-Fetzi-Methode hat gar nicht so viel Eisen!* Kurzum: Der Markt rund um mein neues Lebensgefühl ist breit gefächert und vollkommen verwirrend. In solchen Situationen hilft nur eins: alles ausprobieren. Also habe ich einen verwegenen Plan gefasst:

Ich werde alle möglichen und unmöglichen Methoden, Praktiken, Lehren und Techniken ausprobieren, die mir ein gesünderes, fitteres, jüngeres, knackigeres und Yogurette-artigeres Ich versprechen. Punkt für Punkt. Das wird bestimmt lustig. Für Sie wahrscheinlich etwas mehr als für mich.

Sehr zu meinem Bedauern entdecke ich während meiner Vorab-Recherche keine einzige Fitnessmethode, die sich mit etwas Nougatschokolade vom Sofa aus praktizieren lässt. Im Gegenteil, das meiste klingt grässlich anstrengend. Wenn ich ehrlich bin, mache ich mir jetzt schon in die Hosen.

EINE BESTANDSAUFNAHME

Ich bin der größte Bewegungsmuffel der Welt.

Die ideale Voraussetzung, um ein Buch über Fitness zu schreiben, oder? Meine Erfahrungen mit körperlicher Ertüchtigung beschränken sich auf die Sportarten, die von Weitem so aussehen, als müsste man sich dabei nicht allzu sehr anstrengen. Skifahren zum Beispiel: Auf Brettern einen Berg hinunterrutschen und danach zum Kaiserschmarrn-Essen einkehren kommt meinem Verständnis von Sport ziemlich nahe.

Reitstunden hatte ich auch mal, das war naheliegend, da muss man nicht mal selbst laufen, sondern kann sich tragen lassen. Aber dann war es so wie mit vielen anderen Sportarten: Es sieht eben nur leicht aus. Wenn Sie auch mal Inlineskates hatten, wissen Sie, was ich meine. Das sieht bei den Yogurette-Mädels so aus, als wäre es ein müheloses Dahingleiten. In Wahrheit strumpelt man mit rotem Kopf und rudernden Armen leicht vornübergebeugt vorwärts wie RoboCop. Aber wehe, man kommt doch mal in Fahrt, dann muss man sich zum Bremsen um den nächsten Ampelmast wickeln, und spätestens nach zehn Minuten auf den Dingern läuft man danach wie John Wayne, so weh tun die Oberschenkel. Nein, sportlich ist das nicht.

Auch das Schwimmen war für mich eine einzige Enttäuschung: Ein paar wenige Versuche im örtlichen Schwimmbad offenbarten, dass die vermeintliche Schwerelosigkeit im Wasser zwar prinzipiell ein Vorteil ist, weil man das eigene Gewicht nicht herumschleppen muss, dafür muss man es durch das Wasser schieben. Gut, Wasser hat nicht so viel Widerstand wie zum Beispiel Kartoffelbrei, trotzdem kommt man bei der Schwimmerei außer Puste. Und wenn der eigene Schweinehund dann auch noch eher einem Bernhardiner ähnelt als einem Chihuahua, dann sitzt man (also gut: ich) nach dem dritten Schwimmbadbesuch trotz bester Vorsätze gemütlich im warmen Sprudelbad und lässt sich die Dellen aus den Oberschenkeln blubbern, statt 1000 Meter zu kraulen.

Aber es ist nicht so, dass ich völlig unsportlich wäre: Ich *kenne* jede Menge Leute, die Sport machen. Regelmäßig.

Diejenigen, die dabei vor Begeisterung sprühen, finde ich allerdings immer etwas befremdlich. Andi und Netti zum Beispiel, die klettern wie wahnsinnig an den Wochenenden die Berge hoch. Obwohl da Straßen raufführen. Ich bin mal mitgefahren und habe mich in eins ihrer Klettergurtsysteme einschnallen lassen. Ich bin den Fels hochgekraxelt und es war auch irgendwie nicht ganz, ganz schlimm, eine prima Aussicht und alles. Aber als wir oben waren, sagte Andi: »Na? Ist das nicht schön hier oben?« Und ich dachte mir: *Schon schön. Ein toller Platz, um ein Picknick zu machen* – *UND WENN WIR MIT DEM AUTO GEFAHREN WÄREN, HÄTTEN WIR AUCH EINS MITNEHMEN KÖNNEN!* Aber die Leute sind eben unterschiedlich.

Ob es erblich bedingt ist, dass man gerne Sport macht oder nicht? So, wie man braune oder eben blonde Haare hat? Oder ist das Erziehungssache und die kleinen Knirpse, die von ihren joggenden Vätern in Sportbuggys herumgefahren werden, sind die Sportskanonen von morgen? Möglich, sagen amerikanische

Wissenschaftler. Die haben in einem Experiment herausgefunden, dass körperliche Fitness durchaus vererbt werden kann. Also selbst erworbene Sportlichkeit kann an Nachkommen weitergegeben werden. Erstaunlich, oder? Das ist ja so, als ob man Fremdsprachenkenntnisse vererben könnte. Zumindest bei Ratten ist das so (das mit der Sportlichkeit, nicht das mit den Fremdsprachen). In einem Versuch mit zwei genetisch identischen Rattenfamilien wurde die eine zu Bewegung angehalten, die andere durfte bräsig dem Nichtstun frönen. Die Rattenkinder der sportlichen Nager waren, ohne dass sie selbst trainiert hätten, deutlich ausdauernder als die Nachkommen der Faulenzer-Ratten. Der Grund dafür ist, dass die Kinder der Sportsratzen mit größeren Herzen und Lungen auf die Welt kamen und auch die Muskeln besser durchblutet waren.[1] Hätte meine Mutter mehr Sport getrieben, wäre ich vermutlich heute mehr Yogurette und weniger Snickers. Die Eltern sind also schuld, das geht eigentlich immer, oder?

»Von wegen«, weist mich meine Mutter zurecht, als ich sie beim nächsten Besuch zum traditionellen Sonntagsbrunch auf ihr Versäumnis hinweise. »Eine größere Lunge hätte dir als Baby wenig genutzt, du warst so faul, dass uns der Kinderarzt mit dir zur Krankengymnastik geschickt hat. Du hast dich nicht hingesetzt, an keinem Möbel hochgezogen, du bist noch nicht mal gekrabbelt oder gerobbt. Hätte ich nicht eines Tages ein Croissant in der Hand gehabt, das du haben wolltest, hättest du vermutlich nie Laufen gelernt. Und zu dem Zeitpunkt warst du schon fast zwei Jahre alt!«

»Das ist aber nun echt schon eine Zeit her«, maule ich halbherzig zurück und erinnere mich an meine Babyfotos, auf denen ich allesamt aussehe wie ein sehr, sehr kleiner Franz Josef Strauß in Strumpfhosen.

---

1   Quelle: Eva-Maria Möllmann, *Körperliche Fitness vererbbar?*, www.menshealth.de

Inzwischen sehe ich, Gott sei Dank, ü-ber-haupt nicht mehr aus wie Franz Josef Strauß. Das hat sich ganz gut rausgewachsen. Es ist zwar kein Supermodel aus mir geworden, aber im Großen und Ganzen passt alles. Gut, es gäbe da ein paar Dinge, die ich schon gerne ändern würde, aber das versaut mir jetzt auch nicht das Leben. Und schon gar nicht die Pasta bei meinem Lieblingsitaliener. Damit Sie eine Vorstellung haben, ich bin eher so *mittel*: durchschnittlich groß, total normal schwer und meine Haare sind auch noch – braun. Ich bin sozusagen das Beige unter den Farben, die 39 unter den Schuhgrößen. Entgegen der Meinung der Modebranche, die 36 als eine ernst zu nehmende Kleidergröße verkaufen will (ich meine, wer soll so was anziehen, ein Fötus?), bin ich der Ansicht, dass ein bisschen Kurven am Weib sehr hübsch aussehen. Vorausgesetzt, sie sind an den richtigen Stellen. Und da haben wir schon das erste Problem: Eine Kurve am Bauch zum Beispiel ist eindeutig eine falsche Stelle. Eine einfache Umverteilung wäre schön. Können Sie sich an die *Plonsters* erinnern? Diese drei bunten Knetgummifiguren aus der *Sesamstraße*, die sich in alles Mögliche verwandeln konnten? Die musste man nur in die richtige Form drücken. So in etwa habe ich mir das vorgestellt. Mit etwas Glück passe ich sogar auch wieder in die Jeans, die seit Jahren ganz oben, ganz hinten im Schrank liegen …

Ziel Nummer 1:
Meinen Körper in die richtige Form bringen

Ich sehe an mir herunter und stelle mir vor, wie das aussehen wird, wenn ich erst mal die Fitness-Queen bin. Ein kurzer Blick über die Schulter lässt die Hoffnung keimen, dass der Hintern dann auch ein bisschen kleiner wird. Mehr Apfel statt Birne. Ich kneife hinein und setze sofort den Zusatzartikel auf:

Ergänzung zu Ziel Nummer 1:
Meinen Körper in die richtige Konsistenz bringen

Um beim Obst-Vergleich zu bleiben: Mehr knackig statt reif. *Das wird bestimmt auch L. freuen*, fällt mir da ein. L. ist der Mann an meiner Seite und damit Sie keinen falschen Eindruck bekommen: Er ist keine treibende Kraft hinter meinem Fitnessprojekt, so eine Sorte Mann ist er nicht. Die kommen ja direkt hinter denen, die ihren Frauen zum Geburtstag eine Schönheits-OP schenken, oder? Nein, L. ist da eher pragmatisch. Wie pragmatisch, kann ich Ihnen anhand eines Schwanks aus unserem Intimleben verdeutlichen: Als ich jüngst in unserem Schlafzimmer den *Bleistifttest*[2] gemacht habe und mit Sorge feststellte, dass ich inzwischen zum Neon-Marker-Test übergehen könnte, fragte ich ihn:

»Gefällt dir das überhaupt noch, wenn der Busen jetzt so nach unten wandert?« Worauf L. mir liebevoll in die Augen sah und sagte:»Mir wird dein Busen immer gefallen, egal wohin die Reise geht.« Was soll ich sagen – er ist toll.

Ich habe dieses Projekt aber nicht nur wegen einer schnöden Traumfigur gestartet. Es ist auch so, dass ich bei körperlicher Anstrengung immer öfter merke: Das ging schon mal leichter. Dem Bus hinterherrennen zum Beispiel. Die Treppen in den dritten Stock hochgehen oder, das ist ganz neu: Ich komme, wenn ich die Beine durchgedrückt halte, mit meinen Fingerspitzen nicht mehr an meine Zehen. Zumindest nicht, ohne sehr laut zu jammern.

---

2   Der Bleistifttest: Wenn Sie dies hier lesen, sind Sie wahrscheinlich ein Mann, Frauen kennen den Bleistifttest: Man platziert einen Bleistift oder Kuli in der Falte unter dem Busen. Fällt er runter, hängt der Busen kein bisschen. Normalerweise fällt er aber nicht runter, zumindest wenn man über 20 ist. (Man darf sich übrigens nicht flach hinlegen dazu.)

»Kunststück«, sagt meine beste Freundin Jana, als ich ihr am Telefon meine neueste Erkenntnis mitteile, »dann gehst du eben rechtzeitig zum Bus und wickelst deine Finger nicht um deine Zehen. Wozu soll das überhaupt gut sein?«

»Damit ich die Installation eines Lifta-Treppenlifts noch etwas hinauszögern kann«, antworte ich. Jana ist von Anfang an gegen das Projekt und sie lässt es sich deutlich anmerken.

Also:
Ziel Nummer 2:
Mehr körperliche Fitness

Wenn ich es recht überlege, ist dieses Projekt wirklich überfällig. Wenn ich morgens mit Rückenschmerzen aufwache, nehme ich das schon als so gegeben hin, als wären sie mir angeboren, und das sind sie definitiv nicht. Während ich das hier aufschreibe, bemerke ich auch wieder diesen unangenehmen Schmerz im Nacken. Alle, die ihre Zeit hauptsächlich am Computer verbringen, wissen, wovon ich spreche: dieses fiese Ziehen, das von der Aufhängung des Kopfes über die Schultern bis zur Mitte des Rückens reicht und sich anfühlt, als wäre man 90 Jahre alt und hätte die Nacht in einem zugigen Treppenhaus verbracht. Und wenn man dann den Kopf kreisen lässt, knackt es.

Sofort bessere ich aus:
Viel mehr körperliche Fitness

Damit geht einher:
Ziel Nummer 3:
Gesünder sein

Was Dinge wie den Lifta-Treppenlift, Schlaganfälle und Herzinfarkte hoffentlich in weite Ferne rückt.

Aber nicht nur meinen zukünftigen Traumkörper will ich modellieren, auch mein Hirn soll – fitter werden. Es ist nicht so, dass ich eine geistige Nullnummer wäre, und ich mache mir auch keine Sorgen um meinen IQ, aber ich wünschte, ich wäre oft etwas konzentrierter, etwas wacher, etwas klarer, etwas ruhiger und würde nicht so viel vergessen.

Ziel Nummer 4:
Einen klareren Kopf bekommen

Irgendwo zwischen diesen Zielen ist auch das Ich-wäre-gerne-Yogurette-artiger versteckt: diese schwammige Vorstellung, dass ich besser gelaunt bin und mir kurze Jogginghosen stehen, dass der Sommer nie zu Ende geht und man guten Freunden ein Küsschen gibt.

Wie genau dies alles zu erreichen ist, darüber herrscht Uneinigkeit. Ständig gibt es neue wissenschaftliche Erkenntnisse oder Berichte von Leuten, die mal wieder »das einzig Wahre« gefunden haben, woraufhin sofort jemand anderes genau dies als gefährliche Spinnerei bezeichnet und auf den neuen, lustigerweise ebenfalls einzig wahren Trend aus Amerika verweist. Es ist ein Grauen. Eine passende Sportart oder die richtigen Körperübungen zu finden ist ungefähr so, wie ein Rezept für Erdbeerkuchen zu suchen: Alle wissen etwas, die meisten wissen es besser und Vanillepudding unter die Erdbeeren oder nicht wird zum Glaubenskrieg und im Endeffekt bleibt einem nur, herauszufinden, was einem selbst besser schmeckt. Wenn man nicht immer alles selber macht, echt …

BODYSTREET

Es gibt ein Argument, das Bodystreet sofort zu meiner ersten Wahl werden lässt und neben dem alle anderen Fitnessmethoden extrem unattraktiv aussehen. Das Super-Duper-Argument lautet:

> **20 Minuten Training im Monat reichen!**
> **Das entspricht etwa 8-mal 45 Minuten herkömmlichem Krafttraining.**

Das ist genau die Aussage, auf die ich immer gewartet habe. Wenn man keine Sportskanone ist und vor allem noch keinen Sport gefunden hat, der so viel Spaß macht, dass man ihn freiwillig betreibt, ist das doch ideal! Wenn ich mich schon anstrengen muss, dann bitte so wenig wie möglich!

In meinem bisherigen Leben, das muss ich zugeben, hat das So-wenig-wie-möglich-Prinzip eher mäßige Erfolge gebracht. Genauer gesagt: gar keine. Ich wurde nicht schlank im Schlaf, die Ananaspillen, mit denen man ohne Diät 15 Kilo in 15 Tagen verlieren sollte, schmälerten ausschließlich meinen Geldbeutel (den dafür sehr erfolgreich) und trotz verschiedener Cremes, die nach vier Wochen eine Verjüngung, Straffung und Glättung meiner Haut inklusive Faltenreduktion bewirken sollten, sehe ich genauso aus wie immer – und nicht zehn Jahre jünger. Ich weiß, wie ich vor zehn Jahren ausgesehen habe, liebe Kosmetik-industrie.

Ich würde gerne sagen, dass ich etwas daraus gelernt habe und inzwischen viel schlauer bin. Ich bin es nicht. Gut, die Ananaspillen kommen mir nicht mehr ins Haus,[3] aber wenn ich ein Plakat für die neuesten Dragees aus Amerika mit Himpelchen-und-Pimpelchen-Extrakt in der Apotheke sehe, die mir versichern, ich könnte durch sie in zehn Tagen aussehen wie Angelina Jolie, das wäre von führenden Wissenschaftlern eindeutig erwiesen, dann komme ich doch in Versuchung. Da hilft es, wenn man in diesem Moment nicht allein ist. Vor sich selbst wie ein kompletter Idiot dastehen, das ist noch relativ problemlos zu verdrängen (»Natürlich glaube ich nicht daran! Ich hatte nur 30 Euro zu viel im Geldbeutel!«), aber vor jemand anderem fällt einem das doch deutlich schwerer.

Es ist ein Trugschluss zu denken, nur wir Frauen fielen auf vollkommen unhaltbare Versprechungen herein. Das merkte ich das erste Mal, als L. mit einem Buch nach Hause kam, das ihm versprach, er könne nur mithilfe von Konzentration und Gedankenkraft stinkreich werden. Seitdem steht es Ananaspillen (ich) gegen Geld-Ratgeber (L.) eins zu eins.

Wahrscheinlich ist jeder schon mal auf eine dieser »Abkürzungen« hereingefallen. Die Idee ist ja auch zu verlockend: den Erfolg anstrengender und langer Arbeit genießen – ohne die lange und anstrengende Arbeit vorab. Das Prinzip erstreckt sich über alle Themenbereiche:

---

3 Für Hundebesitzer: Keine Diätpillen herumliegen lassen! Eine 12er-Packung Ananaspillen kann bei einem mittelgroßen Hund einen Dünnpfiff ungeahnten Ausmaßes verursachen!

- Millionär in 10 Tagen
- 10 Kilo weniger in einer Woche, ohne auf Schokoriegel zu verzichten
- Wie Sie problemlos in 30 Sekunden jede Frau verführen und, in Politikerkreisen sehr beliebt:
- Doktortitel ohne eigene Dissertation

Warum wir trotzdem sehenden Auges immer wieder auf die Masche hereinfallen, ist leicht erklärt:

Die Vorstellung, wie unendlich fantastisch es wäre, sollte eine der angepriesenen Methoden tatsächlich funktionieren, fegt jeden Funken Verstand vom Tisch. Man darf aber auch nicht zu kritisch sein: Hätten wir vor einiger Zeit die Versprechen

- Fortbewegung ohne Plackerei!
oder
- Abwaschen ohne Hände nass machen!

mit einer abwertenden Handbewegung vom Tisch gefegt, das Rad und die wunderbare Geschirrspülmaschine wären nie erfunden worden. Aber was wird Bodystreet nun sein? Mehr die Ananaspille des Sports oder die Erfindung des Rads auf dem Fitnesssektor? Ich melde mich für ein Probetraining an.

Als L. an diesem Abend in der Tomatensoße für die Spaghetti rührt, lasse ich ihn an meinen neuen Erkenntnissen teilhaben.

»Ich werde diesen Montag übrigens 8-mal 45 Minuten Krafttraining machen … und zwar in 20 Minuten.«

L. unterbricht kurz das Rühren. »Tatsächlich?«, fragt er und legt den Kopf schief. »Und wie stellst du das an?«

Ich verschränke die Arme und sehe ihn triumphierend an: »EMS!« Woraufhin L. den Kopf noch etwas schiefer legt und die Augenbrauen nach oben zieht: »PMS?« Der sollte sich auch mal wieder die Ohren waschen. »Nein. E-MS. Nicht P-MS.«

»Hätte mich auch wirklich gewundert«, nickt L. und rührt wieder in der Soße. »Und was heißt EMS?«

Ich zucke mit den Schultern. »Das ist eine neue Methode, die sie bei Bodystreet anbieten, irgendwas mit *Effizienz* wahrscheinlich.«

Weit gefehlt.

L. lassen, im Gegensatz zu mir, unbefriedigende Informationen keine Ruhe, und so stellt er nach dem Abendessen den Laptop auf den Küchentisch, während ich uns einen Espresso aufsetze.

»Oh«, höre ich ihn sagen, und als ich mit den Tassen komme, grinst er mich über beide Ohren an.

»Das E in EMS kommt nicht von *Effizienz*«, sagt mein Mister Superschlau und grinst weiter.
»Sondern?«
»Von *Elektrisch*.«
»Ach du Scheiße.«

Wir klicken uns durch die Webseite von www.bodystreet.com und L. hat leider recht: Ich habe ein Probetraining ausgemacht, bei dem ich unter Strom gesetzt werde. Hervorragend.

Passiert Ihnen das auch, dass manchmal völlig unkontrolliert Szenen aus Kinofilmen vor Ihrem inneren Auge erscheinen? Und haben Sie auch diesen Film gesehen, bei dem jemand auf einem altmodischen elektrischen Stuhl zu Tode kommen soll und der Schwamm unter seinem Helm wird nicht richtig nass gemacht? So viel zu den Bildern in meinem Kopf, wenn jemand das Wort »elektrisch« sagt.

»Kommst du mit?«, frage ich L., aber der schüttelt bedauernd den Kopf. »Ich habe leider keine Zeit«, und muss dann wieder grinsen: »Auch wenn ich mir das Spektakel ungern entgehen lasse.«

Am nächsten Tag versuche ich es bei Jana: »Bist du eine Freundin oder bist du keine Freundin?« Jana seufzt mir ins Ohr: »Was muss ich tun?« Ich erzähle ihr von der tollen neuen Trainingsmethode, mit der man bis zu 18-mal höhere Trainingseffekte als mit herkömmlichem Fitnessstudio-Training erzielen kann. »Und wie machen die das?«, fragt meine misstrauische Freundin. »Da werden die Muskeln ganz toll stimuliert«, nuschle ich ins Telefon, aber Jana speist man nicht so leicht ab.

»Wie?«

Es hilft nichts, ich muss Jana erzählen, was ich inzwischen weiß: »Es ist eine Art Ganzkörpertraining unter Reizstrom. Der Strom verstärkt die Muskelkontraktionen und darum ist es viel effektiver als ein normales Training.«

»Du spinnst«, sagt Jana, und ich werte das als Absage.

Mit einem leicht flauen Gefühl im Bauch mache ich mich an einem schönen Morgen auf den Weg zur nächsten Bodystreet-Filiale. Bodystreet ist ein Franchise-Unternehmen. An 66 Standorten in Deutschland und Österreich stehen Mikro-Fitnessstudios, die das spezielle Training anbieten (und sie expandieren weiter). Das Studio ist, wie alle Filialen, klein. Ein ebenerdiger, verglaster Raum, in dem nur ein Empfangstresen steht, zwei gleiche Geräte, die aussehen wie Standfahrräder ohne Sattel, eine kleine, stylishe Sitzgruppe und am Ende ein paar Umkleidekabinen. »Hallo?« Etwas verunsichert stehe ich vor dem Tresen.

»Hallo!«, strahlt mich ein durchtrainierter junger Mann an. »Ich bin Kilian.« *Geht doch ganz gut los*, denke ich. Wir setzen uns in die Sitzecke und ich fühle mich sofort wohler. Mit hübschen jungen Männern in Sitzecken lümmeln, das kann ich. Fehlt nur noch ein Cocktail. Einer, maximal zwei Kunden werden hier gleichzeitig betreut, ich habe Kilian also ganz für mich. Statt einem Cocktail holt Kilian einen Fragebogen. Wie groß ich bin? Wie viel ich wiegen würde? Wie mein Blutdruck so wäre? Meine Problemzonen? Das sind dann doch Fragen, die sich erheblich von den Fragen einer Kneipenbekanntschaft unterscheiden. Nach dem Gesundheitscheck drückt mir Kilian schwarze Shorts und ein schwarzes T-Shirt in die Hand und schickt mich in die Umkleidekabine. Ich muss mich komplett ausziehen, auch Unterhose und BH. (Ich erspare Ihnen jetzt einen weiteren Vergleich mit meinen Kneipenbekanntschaften.)

Es gibt Frauen, die sehen in kurzen Hosen und hautengen Shirts ohne BH gut aus. Nur so viel: Ich gehöre nicht dazu. Ich sehe darin aus, wie die liebe Jana es einmal so treffend beschrieb: wie ein ausgestopfter Strumpf. Hätte ich das mit den kurzen Hosen gewusst, hätte ich mir heute Morgen auch definitiv die Beine rasiert. »So«, strahlt mich Kilian an als wäre nichts, »dann wollen wir dich mal ausstaffieren.« – »Toll«, strahle ich zurück und verfluche das Fitnessprojekt. Ich bekomme eine Weste angelegt, an der rote und schwarze Kabel hängen, außerdem bekomme ich Gurte an Arme und Beine geschnallt und einen etwas breiteren Gurt um den Po. Alles wird vor dem Anlegen mit einer Sprühflasche befeuchtet. Mein »elektrischer Tod« wird schon mal nicht an der trockenen Ausstattung scheitern, so viel ist klar. Verschnallt und verkabelt sehe ich mich am Ende des Raumes im Spiegel:

Mit ein bisschen Kunstblut könnte ich glatt als Statist bei *Hellraiser* durchgehen.

Kilian geleitet mich zu den beiden Geräten am Fenster. Das wird ja immer besser: Ich mache mich hier nicht nur als verkabelter, ausgestopfter Strumpf zum Affen, ich mache das auch noch in einem Schaufenster. Der Moment ist gekommen: Der Monster-Stecker von meiner Weste, an dem alle Kabel zusammenlaufen, wird mit dem Monsterstecker des Geräts zusammengesteckt. Zu meiner Überraschung macht es nicht BBBBRRRZZZZZ und es stehen mir auch nicht, wie im Comic, alle Haare zu Berge, sondern es passiert: nichts. Kilian dreht an irgendwelchen Räd-chen, an denen er die Stromstärke regulieren kann, und zeigt mir einen Balken aus Leuchtfeldern auf dem Display des Gerätes: Leuchtet es blau, ist Pause, also für vier Sekunden kein Strom und somit gut. Anschließend geht das Licht aus: Es fließt vier Sekunden lang niederfrequenter Reizstrom – schlecht. Das wech-selt sich dann 20 Minuten lang ab. Mein reizender Kilian steht vor mir und zeigt mir die korrekte Ausgangshaltung: leicht in der Hocke wie über einer Toilette, auf die man sich nicht setzen will, und mit verschränkten Händen warte ich auf die erste Stromse-quenz. »Jetzt die Muskeln anspannen«, sagt Kilian, und da ist er, der Strom. Halleluja! So heftig habe ich mir das dann doch nicht vorgestellt. Das bitzelt nicht nur ein klein wenig, das fühlt sich an wie ein Waldameisen-Haufen, inwendig. Gott sei Dank ist es re-lativ schnell vorbei, nach vier Sekunden ist Pause. Leider dauert die aber auch nur vier Sekunden. In den Pausen zeigt mir Kilian die verschiedenen Übungen, die ich nachmachen muss, was sehr gut ist, weil ich mich sonst nur darauf konzentrieren würde, dass gleich wieder Saft durch mich hindurchfließt und meine Muskeln damit zum Durchdrehen bringt. Über 90 Prozent der Körper-muskulatur wird durch so ein Training erreicht. Zum Vergleich: Wer mit Hanteln trainiert oder ein anderes Krafttraining macht (und auch eine Ahnung hat, wie man das richtig macht), erreicht allerhöchstens 70 Prozent. *Ätsch*, denke ich, und schon macht es wieder BBBRRRRZZZZZ! Verflucht auch. Alle paar Sekunden ändert Kilian meine Trainingsposition. Abfahrtshocke, ein Bein nach hinten strecken oder nur eine Drehung: Die Übungsabfolge an sich ist nicht kompliziert.

Ich trainiere so auch die Tiefenmuskulatur, erzählt Kilian nebenbei, die man mit normalem Krafttraining schon gar nicht erreicht. Wo habe ich »Tiefenmuskulatur« schon mal gehört? Und guckt eigentlich jemand durchs Schaufenster? Ehrlich gesagt: Es ist mir scheißegal, ich habe hier zu tun. Obwohl ich mich kaum bewege, komme ich allmählich außer Puste und schwitze. »Das Tolle ist auch, dass sämtliche Muskelfasern zur gleichen Zeit aktiv werden«, höre ich Kilian, während ich mit genau jenen aktiven Muskelfasern kämpfe. Und es ist noch nicht entschieden, wer gewinnt. Es sind erst 15 von 20 Minuten vergangen, aber ich für meinen Teil bin fertig mit Trainieren. Mit Sport generell. Kilian merkt, dass meine Motivation unter den Gefrierpunkt sinkt, und sagt lauter Sätze, die mit »Nur noch …« anfangen.

»Nur noch zwei Mal!« – »Nur noch drei Sekunden!«

Ganz ehrlich: Stünde er nicht dort, sondern bliebe ich mir selbst überlassen, mein Schweinehund wäre schon längst über alle Berge und täte, was er sonst so tut: Eis essen gehen, ein Buch lesen, solche Dinge. Kilian steht aber dort und hilft mir über die letzten Minuten und ich habe in keinem Moment den Eindruck, er wüsste nicht, was er da tut. Kein Wunder: Über 5000 Kunden hat er schon betreut, erzählt er mir später. »Da merkt man schon, ob jemand an seinem Limit ist oder ob da noch was geht.« Er ist außerdem, wie alle Trainer von Bodystreet, nicht nur vom Unternehmen selbst ausgebildet, sondern kommt aus dem sportlichen

Bereich. Kilian selbst ist Fitnessökonom – gucken Sie nicht so, ich wusste auch nicht, dass es das gibt.

Wie funktioniert es?

Wenn wir einen Muskel anspannen, um etwas hochzuheben zum Beispiel, sendet unser Hirn über das Zentralnervensystem einen elektrischen Impuls an den betreffenden Muskel. Diese elektrische Stimulation lässt den Muskel die Bewegung ausführen. EMS (Elektrische Muskelstimulation) aktiviert diese Nerv-Muskel-Autobahn direkt und viel stärker, als man das ohne Hilfe selbst könnte. Ein Krafttraining von außen, sozusagen. Die Effizienz von EMS-Training rührt daher, dass sich gezielt die für Kraft notwendigen Typ-II-Muskelfasern ansprechen lassen und dass sämtliche Muskelfasern zur gleichen Zeit aktiviert werden.

Was kostet es?

Ein Probetraining kostet 19,90 Euro. Im Jahresabo kostet jedes weitere Training ebenfalls ca. 20 Euro.

Aufwand

Überschaubar. Gut, man muss erst mal zum nächsten Studio hinkommen und auch wieder nach Hause, aber man braucht ansonsten keinerlei Ausstattung, noch nicht mal Turnschuhe.

Für wen?

Für alle, die nicht schwanger oder krank sind, Herzprobleme haben oder einen Herzschrittmacher ihr Eigen nennen, der sich aufgrund des Stroms vielleicht verwirren lassen könnte. Besonders geeignet für Sportler, die sich verbessern wollen, und Leute, die schon laufen oder schwimmen, da mit EMS Kraft trainiert wird und nicht die Ausdauer, was für die Fitness nur die Hälfte der Miete ist. Elektrostimulation wird außerdem als Therapieform eingesetzt, wenn Muskeln nach Unfällen zum Beispiel nicht mehr willkürlich bewegt werden können.

Wer macht denn so was?

Mehr Frauen als Männer, das Verhältnis ist ca. 60 zu 40.

Vorteile

- Man spart viel Zeit gegenüber einem normalen Krafttraining, weil EMS so effektiv ist.
- Die Kontraktionen sind viel stärker, als das willkürlich möglich wäre.
- Es wird auch die Tiefenmuskulatur trainiert (wie bei Yoga oder Pilates beispielsweise).
- Man hat einen persönlichen Kilian, der den Schweinehund im Zaum hält.
- Die Kiliane sehen prima aus.
- Es ist sehr gelenkschonend.
- Es können gezielt verschiedene Muskelgruppen trainiert werden. (Das ist besonders wichtig, wenn muskuläre Unterschiede ausgeglichen werden sollen. Langes Sitzen am Schreibtisch führt beispielsweise zu einer Verkürzung der Brustmuskulatur mit gleichzeitiger Schwächung der Schulter und Rückenmuskulatur.)

Nachteile

- Es macht nicht so viel Spaß, dass man dabei vor Freude jauchzt.
- Man steht verkabelt in einem Schaufenster.

»Und? Machst du das jetzt öfter? Und darf ich dann mal durchs Fenster gucken?« Das hat mir gerade noch gefehlt. »Nein und nein.« L. sieht mich enttäuscht an. »Und warum nicht?« Ja, warum eigentlich nicht? »Ich weiß nicht«, druckse ich etwas herum, »irgendwie habe ich mir das ganz anders vorgestellt.«

»Hmm«, nickt L. nachdenklich, »mit mehr Bewegung, was?«

»Ja«, stimme ich zu, »und mit weniger Strom.«

Als ich beschloss, die wunderbare Welt der Fitness in mein Leben zu holen, hatte ich einige sehr klare Bilder im Kopf:

* die Yogurette-Mädels,
* tief einatmen in einem sehr grünen Park,
* erschöpft lachend auf dem Boden liegen,
* braune Oberschenkel,
* ich sage zu L.: »Du Schuft, die Lätta!«
* wind, der mir durchs Haar fährt, als wolle er sagen: »Wir sind schon zwei!«

Ich hatte aber ganz klar kein Bild von mir im Kopf, auf dem ich als Wurst verkleidet in einem Schaufenster unter Strom gesetzt werde. Außerdem müsste ich, zwecks der Fitness, zusätzlich zu dem Krafttraining auch noch Ausdauertraining machen (laufen, schwimmen, Rad fahren), das ist nämlich für die Gesundheit noch ein bisschen wichtiger als Kraft. Aus diesem Grund hätte ich gerne einen Sport, der nach dem Shampoo-Conditioner-Prinzip funktioniert: Two in One.

»Ich glaube, das gute, alte Zirkeltraining ist immer noch das Beste«, sagt L. »Zumindest wenn man Kraft und Ausdauer trai-

nieren will, dann ist es das Effektivste, was man machen kann.«
Ich verziehe das Gesicht. Zirkeltraining. Klingt ganz schön – old
school.

OUTDOOR CIRCUIT

Wieso habe ich mich darauf nur eingelassen?, geht es mir durch den Kopf, als ich in komplettem Sport-Outfit in die U-Bahn steige und die Fahrkarte im Bündchen der Sportsocke verstaue. Wo keine Umkleiden, da kein Umziehen. Und wo kein Umziehen, da Sportklamotten in öffentlichen Verkehrsmitteln. *Lieber Gott, lass jetzt bitte nicht meinen blöden Exfreund einsteigen – oder schlimmer noch, auf der Rückfahrt!* Es gibt zwar kein wirklich richtiges Outfit für diese Situation, aber verschwitzte Jogginghosen sind eindeutig das falsche Outfit.

Die Entscheidung für den Outdoor Circuit war, ich muss es zugeben, eine reine Trotz-Entscheidung. Als L. das Zirkeltraining vorschlug und mir schon bei der Vorstellung die Mundwinkel in die Kniekehlen rutschten, fragte er: »Oder willst du nur Mädchen-Sachen machen?« Woraufhin ich sofort den Gedanken an das Cheerleader-Trainingsprogramm zur Seite schob und mich kurzerhand bei dem nächsten Zirkeltraining anmeldete, das einigermaßen sympathisch aussah: www.outdoorcircuit.com.

Irgendwie hatte er mich da auf einem feministischen Fuß erwischt, der nicht wollte, dass sich Sport in typisch Mädchen- und typisch Jungensport teilte, und zwar aus Prinzip. Obwohl ich zu Schulzeiten heilfroh war, nicht Fußball spielen zu müssen, sondern von einem Schwebebalken fallen zu dürfen. Mir reichten schon die jährlich stattfindenden Bundesjugendspiele, die rätselhafterweise immer auf jene Tage fielen, an denen ich gemeinsam mit 99 Prozent aller Schülerinnen meine Periode hatte – und trotzdem eine Siegerurkunde bekam. Gibt es überhaupt in der Geschichte der Bundesjugendspiele einen einzigen Schüler, der keine Siegerurkunde bekommen hat?

L. war jedenfalls von meinem Entschluss nicht mal annähernd so beeindruckt, wie ich es mir vorgestellt hatte, und jetzt habe ich den Salat. Auf zum Zirkeltraining.

Ob nun *Outdoor Circuit* oder das altmodische *Zirkeltraining, Circuit-Training, Circle-Training, Kreistraining* oder *CT* – es meint alles das Gleiche und es klingt nach ehrlichem Sport, Schweiß und, und ... ja, nach was eigentlich noch? Ich habe keine Ahnung, was dort passiert. Ich habe aber noch so eine ungefähre Ahnung, was im Schulsport beim Zirkeltraining passierte:

Man musste wie bekloppt verschiedene Stationen ablaufen, bis man erschöpft zusammenbrach. Ich kann mich an Medizinbälle erinnern,[4] die ungefähr doppelt so viel wogen wie man selbst, und an blaue Bodenmatten mit braunen Lederecken und daran, wie die Turnschuhe auf dem Hallenboden quietschten. Außerdem kann ich mich hervorragend an den satten Aufprall erinnern, wenn man vom Sprungbrett ungebremst in den Bock oder den Kasten donnerte, statt leichtfüßig darüberzuspringen. Sowie an Turnbeutel-Gerüche, Sportlehrer-Trillerpfeifen und sackartiges Hängen an einem Seil, an dem man eigentlich nach oben klettern sollte, gefolgt von sackartigem Hängen an einer Sprossenwand, an der man eigentlich beide Beine gleichzeitig in einen

---

4 ... deren wahren Zweck allein die Orientalen richtig erkannt haben, indem sie die Bälle mit Ornamenten verzierten und sie als Leder-Sitzpuff einsetzten. Was soll man sonst auch Vernünftiges tun mit einem Ball, den man eigentlich nur rollen kann?

90-Grad-Winkel bringen sollte. Sie erinnern sich? Ich habe Ihnen das mal aufgezeichnet:

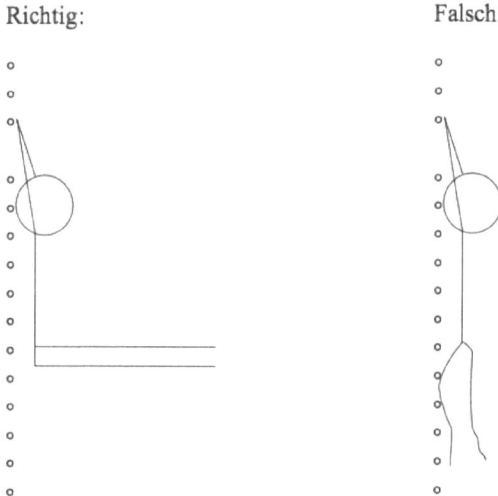

Richtig: Falsch:

Warum in aller Welt sollte man sich so etwas freiwillig noch mal antun? Ist das nicht der Vorteil des Erwachsen-Werdens? Dass man sich, wenn man sich schon mit dem Ernst des Lebens herumschlagen muss, wenigstens vor der Schule drücken kann? (Um stattdessen mit einer Tüte voller Süßigkeiten einen Horrorfilm zu gucken?) Also was tue ich dann hier und warum fahre ich nicht in den Streichelzoo? Das sind in etwa die Gedanken, die mich während der U-Bahn-Fahrt beschäftigen.

Zumindest die Örtlichkeit ist ganz nach meinem Geschmack: Ich werde die Zirkel-Kollegen und den Zirkusdirektor in einem Park treffen – was dem Sport, wie er mir vorschwebt, näher kommt als ein Stromstecker.

Was genau die dann aber *Outdoor*, also draußen, so machen wollen, ist mir immer noch nicht klar. Über die Enten im Stadtpark hüpfen? Darf man das überhaupt? Allerdings ist der Outdoor Circuit, zu dem ich unterwegs bin,

...»entwickelt, getestet und erprobt (...) von Sportwissenschaftlern und Sportlehrern der Elite-Universität TU München.«

Denen wird schon etwas anderes eingefallen sein, als über Enten zu springen. Hoffe ich.

Ausdauer, Kraft, Gewandtheit, Stabilität, Mobilität, Gleichgewicht und Beweglichkeit trainiere ich beim Zirkeltraining gleichzeitig, heißt es. Soweit ich das beurteilen kann, stimmt das auch, ich bin nämlich seit 20 Minuten im Stechschritt quer durch den Park unterwegs, weil ich meine Zirkel-Truppe nicht finde, Himmelherrgottnochmal. Die Leute, die ich unterwegs frage, ob sie vielleicht irgendwo ein Zirkeltraining gesehen hätten, sagen alle das Gleiche: »Ein was?« Das Fragen an sich ist auch nicht einfach, es handelt sich nämlich fast ausschließlich um Jogger, die ich ein Stück begleiten muss für meine Frage. Als ich fast aufgeben will, komme ich an eine Stelle mit ein paar Bänken und gemauerten Tischtennisplatten. Auf der Bank steht ein Picknickkorb, daneben ein Kasten Bier und an den Tischtennisplatten stehen zwei ältere Pärchen, die augenscheinlich eine Menge Spaß haben. *Die machen's richtig*, denke ich mir und bin froh, mal jemanden nach dem Weg fragen zu können, der mir nicht davonrennt. Sie wissen zwar auch nicht, was und wo ein Zirkeltraining sein soll, aber einer aus der fröhlichen Rentnertruppe hat eine Idee:

»Da hinten«, sagt er und deutet in die einzige Richtung, die ich noch nicht abgelaufen bin, »da hüpfen manchmal welche um rote Fähnchen herum, vielleicht sind die das.«

Na, das klingt doch hervorragend.

Aus ungeklärten Gründen lasse ich Bänke und Bier hinter mir und suche die Fähnchen-Hüpfer.

Als ich die Truppe finde, hüpft gar niemand, sondern alle stehen um Ecki herum. Eckhart Acker und Eberhard Schlömmer sind ein staatlich geprüfter Sportlehrer und ein Diplom-Sportwissenschaftler und so etwas wie die Eltern des Outdoor Circuits. Einer von ihnen, oft auch beide zusammen, trainieren die Zirkel-Zöglinge und bieten Ausbildungsseminare zum Functional Circuit Trainer an, weswegen das Training inzwischen in mehreren Städten angeboten wird.

Heute ist Ecki da, und dem falle ich vor lauter Erleichterung, dass ich ihn gefunden habe, erst mal um den Hals. »Ich freue mich auch«, sagt Ecki und ist nur minimal irritiert. Wir sind acht Leute, davon sieben Frauen – schon wieder viel mehr Frauen als Männer! (Und ich dachte noch, Zirkeltraining ist doch sicher was für echte Kerle. Männer sind aber anscheinend generell nicht so die Gemeinschaftssportler. Eckis Theorie ist, dass Männer oft mit dem Gedanken *Das kann ich alleine* die Sportlichkeit angehen, für Frauen zählt hingegen auch der soziale Aspekt. Das klingt absolut plausibel – wer schon nicht nach dem Weg fragen will, wenn er sich verfahren hat, lässt sich auch nicht gern erklären, wie er eine Übung zu machen hat.)

Falls aber der eine oder andere Mann dort draußen Lust hat, eine Frau kennenzulernen, DANN NICHTS WIE AB ZUM GEMEINSCHAFTSSPORT! Gerade hier, beim Zirkeltraining, sehen die auch alle schön normal aus. Ich sehe ein Garfield-T-Shirt, Fahrräder im Gras und Pferdeschwänze, aus denen zufällig ein paar Strähnen fallen und nicht, weil sie dort hingezupft worden sind. Wir sind ein Kessel Buntes zwischen 25 und 45 und als Allererstes lässt Ecki den Kessel Buntes eine Runde um die

Wiese laufen, zum Aufwärmen. *Ich bin weiß Gott schon aufgewärmt,* denke ich mir, aber setze mich trotzdem in Bewegung.

Ich weiß nicht, wie es Ihnen geht, aber Laufen ist für mich das Hinterletzte. Und ich weiß, wovon ich spreche, ich habe es nämlich früher schon mehrmals ausprobiert, deswegen werden Sie hier auch kein Kapitel finden, das »Laufen« heißt. Mit Laufen bin ich fertig. Im Rahmen meines Glücksprojekts[5] bin ich dem Rat der Glücksratgeber gefolgt und habe es mit dem Laufen versucht. Und das ging so:

Das erste Problem tauchte noch in der Wohnung auf. Wenn man jetzt keine Sportskanone ist, so wie ich, hat man zwar eine Jogginghose, aber das ist nicht unbedingt ein Kleidungsstück, mit dem man auf die Straße gehen kann, ohne dass einen fremde Leute mit Almosen bewerfen. Das sind diese Art Hosen, die an den Knien so ausgebeult sind, dass man da Sachen drin aufbewahren könnte. Melonen zum Beispiel. Die Hosen, die der neue Freund erst zu sehen bekommt, wenn drei Jahre ins Land gegangen sind. Da denkt man sich dann: Wenn er es bis jetzt ausgehalten hat, dann verträgt er das. Eine Ironie, dass so was Jogginghose heißt. Die Jogginghosen, die ich tatsächlich auf der Straße rumlaufen sehe, sind hauteng, gehen bis zur Hälfte der Waden und sind aus so einem NASA-Stretch-Teflon-Material, das Wasser nur rein-, aber nicht mehr rauslässt. Oder umgekehrt.

Mit meiner Kniebeulen-Jogginghose und meinen alten Turnschuhen bin ich also eines schönen Sonntags losgelaufen. Die komplette Straße runter, bis zur nächsten Kreuzung. Während dieser 20 Meter rutschte die Hose bei jedem Hüpfer ein kleines Stückchen weiter nach unten. Ich sage nur: Leierbündchen. So. Und zu joggen und gleichzeitig mit beiden Händen die Hose vom Rutschen abhalten, sieht wirklich, wirklich unelegant aus. Ich drehte also um und ging nach Hause. Im Schritttempo. Was genauso unangenehm war, denn jetzt,

5   *Das Glücksprojekt: Wie ich (fast) alles versucht habe, der glücklichste Mensch der Welt zu werden,* ISBN 978-3-86882-205-2

da ich nicht mehr lief, war ich keine Joggerin mehr, sondern eine Frau mit Pferdeschwanz, die in ihrer alten Jogginghose spazieren geht. Hat nur noch die offene Flasche Bier gefehlt.

Beim nächsten Versuch war ich besser ausgerüstet. Ich hatte diesmal richtige Turnschuhe gekauft, in einem Laden, der meine FUßDATEN GESPEICHERT hat. Und eine von diesen engen dreiviertellangen Jogginghosen hatte ich auch. Ich bereitete mich auf diesen Versuch außerdem vor, indem ich einen Ratgeber kaufte: Laufen lernen. *Ich habe viele Ratgeber. Ich habe dann das Gefühl, ich müsste die gar nicht mehr lesen, sondern allein der Akt des Kaufens ist schon die halbe Miete.*

Ich blätterte meinen neuen Lauf-Ratgeber durch und da gab es eine Sache, auf die er wirklich Wert legte: unbedingt mit Pulsmesser laufen. Ohne Pulsmesser zu laufen, ist praktisch der Tod. Ein Pulsmesser besteht aus zwei Teilen. Teil eins ist eine hässliche kleine Digitaluhr, die man sich ums Handgelenk schnallt und die piepst, wenn man sich zu sehr anstrengt. Teil zwei ist ein Gummiband mit einem Nöppel, das man sich um den Brustkorb schnallt. Das hat mich sofort genervt. Da willst du Sport machen und die Ausrüstung sagt dir vorher: »Der Bleistifttest fiel auch schon mal besser aus, MEIN FRÄULEIN.«

Ich hätte nicht gedacht, dass ich Gefahr laufen würde, den Alarm auszulösen – ich bin jetzt nicht gerade der Roadrunner –, aber er ging doch los. Und zwar noch bevor ich aus der Tür war! Diese Pulsmesser sind auf so niedrigen Puls eingestellt, dass er direkt beim Schuhezubinden anfängt zu piepen. Damit will der Pulsmesser erreichen, dass man gaaanz langsam läuft. Langsamer als langsam. So langsam, wie Sie es sich nur vorstellen können. Es war kein sportliches Erlebnis. Nur so viel: Ich wurde von Laub überholt. Und von einem Bobby-Car. Seit diesem Erlebnis liegt der Pulsmesser zusammen mit den Turnschuhen und der Laufhose in einer Tüte ganz oben, ganz hinten im letzten Schrankfach. Da, wo die Jeans liegt, die mir das letzte Mal 1995 gepasst hat.

Verstehen Sie mich? Ich kann nicht mehr mit Joggen anfangen, da bin ich vorbelastet. Trotzdem trotte ich der Herde hinterher und unterhalte mich dabei mit der Garfield-T-Shirt-Frau. Das geht aber nur die ersten 20 Meter gut, danach und entgegen anders lautender Behauptungen von Joggern laufen Unterhaltungen beim Laufen nicht so flüssig, wie ich das gewohnt bin, sondern ungefähr so:

»Und ......h, h, h, ...h, h, h, wie, ... h, oft ....h, h, h, komm h, h, h, ...h, h, kommstu h, h, h, h, ...h, h, h, ... hier..., hier h, h, h, ... hierher?«

Als wir wieder zu unserem Ecki zurückkommen, hat der schon seinen Koffer ausgepackt und verschiedene Stationen für uns aufgebaut. Praktisch: Wir sind direkt neben einem öffentlichen Trimm-dich-Dingsbums, wo die Stadt mehrere Übungsstationen hingestellt hat, die werden wir mitbenutzen. Und zwar nicht so mitbenutzen, wie ich das aus meiner Jugend kenne: auf den Holzstangen sitzen und heimlich rauchen, sondern so, wie sich die Erfinder das gedacht haben.

Ecki geht mit uns die fünf Stationen ab und erklärt uns, was er sich vorstellt, was wir dort tun sollen – überflüssig zu sagen, dass er sich ganz andere Dinge vorstellt als ich: Liegestützen sollen wir machen, über eine Reihe von gelben Plastikbügeln[6] hüpfen, im Ausfallschritt in die Knie gehen, beidbeinig auf eine Stufe springen und sanft landen, ein sauschweres, armdickes Seil in Wellenbewegungen versetzen ... nicht, dass die Erklärungen langweilig wären, aber die sieben Frauen, mich eingeschlossen, gucken gerade ganz woanders hin:

---

6   »Gelbe Plastikbügel« sagt der Laie. In Wirklichkeit heißen die gelben Plastikbügel SKLZ Speed Hurdles. Natürlich.

An einer Klimmzug-Stange hängen kopfüber zwei junge Latinos ohne T-Shirt und machen Bauchmuskelübungen und, sagen wir es so: sie hätten es wahrlich nicht nötig.

»Alles verstanden?«, fragt Ecki. »Was?«, fragen die Damen.

Wir teilen uns schließlich in Zweiergruppen auf und verteilen uns auf die Stationen, Garfield und ich fangen bei den Liege-stützen an. »Und los!«, gibt Ecki das Kommando, und wir fangen an, uns in den Stütz zu plagen. Garfield macht das nicht schlecht und auch ich habe mir das Ganze schlimmer vorgestellt. Es läuft richtig gut – bis Ecki kommt und meine Position korrigiert, da wird es plötzlich teuflisch:

Leicht: Teuflisch:

Eine Minute lang müssen wir durchhalten, dann geht es an die nächste Station, heißt: eine Verschnaufzeit von 30 bis 45 Sekun-den. Die nächste Station ist erst mal eine Wohltat, weil die Mus-keln, denen während der Liegestützen eingeheizt wurde, jetzt in Ruhe gelassen werden – dafür mache ich meinen Oberschenkel-muskeln nun eine Minute lang das Leben zur Hölle. Hat man alle fünf Stationen einmal durch, ergibt das einen Circuit, einen Durchgang. Anschließend geht man nicht nach Hause, sondern man hat zwei bis drei Minuten Pause und es geht von vorne los, insgesamt machen wir vier Circuits. Ecki ändert während der Pausen die Stationen etwas ab, sodass wir nicht immer das Gleiche machen, was mir aber überhaupt nichts hilft, denn die neuen Übungen sind genauso anstrengend.

Beim zweiten Durchlauf (Circuit), Garfield und ich dribbeln gerade durch eine Art Strickleiter[7], die am Boden liegt, frage ich sie:

»Warum, h, machstu, h, h das hier … h, ………h, h, h über, h, haupt?« Aber sie schüttelt nur den Kopf:

»«Ichweißnich, … h, ………h, h, h… h, aber danach, ………h, h, h,… h, ………h, h, h is' super, h.«

Na, dann warte ich mal auf nachher.

Nach dem zweiten Durchgang fange ich an zu schummeln. Ich behalte Ecki im Blick und sobald der mir den Rücken zudreht, verharre ich in Bewegungslosigkeit, um sofort laut jammernd weiterzumachen, sobald er mich wieder sehen kann. Das geht aber leider nur kurz gut, da kommt der Sportlehrer im Ecki durch: Er hat Augen im Rücken. Was machen die in der Uni mit den Leuten? Sie in Spionage ausbilden? »Los, wenigstens versuchen musst du's, hepp! Bei Arbeitsverweigerung oder dreimal ›aber‹ muss man beim nächsten Mal Kuchen für alle mitbringen!«

Mist.

Nach dem dritten Durchlauf wäre ich dazu bereit, Schwarzwälder Kirschtorte für alle zu backen. Trotzdem ächze ich mich durch die Stationen, inzwischen brauche ich allerdings erheblich

---

7   Die Strickleiter heißt natürlich auch nicht »Strickleiter« sondern SKLZ Quick Ladder und ist eine »Koordinationsleiter«. Gibt's bei www.perform-better.de neben vielen anderen lustigen Dingen.

länger als beim ersten Mal. Ecki sagt jetzt plötzlich auch lauter Sätze, die mit »Nur noch …« anfangen. Wir sind alle außer Puste, alle schwitzen und eine Mücke habe ich auch schon verschluckt. Der letzte Durchgang beginnt, und das Wissen darum, dass es der letzte ist, mobilisiert neue Kräfte. Jede Station und jede Bewegung bringt uns näher ans Ziel.

«Die letzten Sekunden! Zehn, neun, acht …«, fängt Ecki, an runterzuzählen und läuft zwischen uns hin und her, gleich ist es vorbei, da kommt noch mal richtig Stimmung in die Bude, auch in Garfield und mich. Wir hüpfen wie die Frösche, eine Kraftanstrengung ist nur halb so schlimm, wenn man weiß, dass es die letzte ist.

»Null! Aus! Vorbei! Ihr habt es geschafft!«, ruft Ecki, und auf Kommando fallen acht Leute japsend rückwärts ins Gras.

Ich schnaufe die frische Abendluft, sehe nach oben in den Himmel, der sich langsam verfärbt und dunkler wird, es riecht nach Wald und modrigem Laub und irgendwie ist das schon ganz nah an dem, was ich mir vorgestellt habe. Garfield liegt neben mir und lächelt mich an: »Na? Is' gut, oder?« Und sie hat vollkommen recht, ich fühle mich wirklich richtig gut.

Wie funktioniert es?

Es gibt verschiedene Zirkel-Methoden, dabei variiert die Anzahl von Stationen, Übungen und Pausenlängen. Die Idee bleibt aber immer die gleiche: die unterschiedlichen Muskelgruppen werden nacheinander beansprucht, dadurch können in kürzester Zeit alle Muskelgruppen belastet werden. Durch den Wechsel braucht man nur sehr kurze Pausen und die müden Muskeln haben Zeit, sich zu erholen, während man die nächsten rannimmt.

Das Modell, das ich bei den reizenden Jungs vom www.outdoor-circuit.com kennengelernt habe, war deren »Klassischer Outdoor Circuit«:
4 Durchgänge, davon:
5 Stationen
1 Minute pro Station
Wechselzeit zwischen den Stationen 30 bis 45 Sekunden
Wechselzeit zwischen den einzelnen Circuits (Durchgängen) 2 bis 3 Minuten

Station 1: Stabilisationstraining
Station 2: Agilität
Station 3: Dynamische Kraft, Oberkörper
Station 4: Dynamische Kraft, Beine
Station 5: Plyometrische Übungen

Falls Sie sich übrigens auch fragen, was *plyometrisch* bedeuten soll: man explodiert nicht dabei, das ist *pyrotechnisch*. Plyometrisches Training heißt so viel wie Sprung- und Landetraining. Hier lernt man, richtig zu springen und zu landen. Hört sich nach Pippikram an, ist es aber nicht. Der gute Eberhard Schlömmer erzählt mir:

»Wenn du gehst, müssen deine Sehnen, Bänder, Muskeln und Faszien[8] deinen Körper bei jedem Schritt praktisch abfangen, abfedern und Stöße abdämpfen = landen.

Der Mensch in unseren Breiten hat leider verlernt, funktional zu gehen. Aufgrund flacher Böden und dem Tragen von Schuhen und dem vielen Sitzen gehen wir nicht mehr richtig aufrecht, das heißt, wir benutzen unseren Bewegungsapparat nicht mehr nach

---

8   Auch so Muskelzeug. Wenn Sie es genauer wissen wollen, schlagen Sie das jetzt selber nach.

seiner ursprünglichen Funktion. Wir landen nicht mehr richtig beim Gehen, sondern fallen passiv in den Schritt hinein.

Forscher haben herausgefunden, dass Sprung- und Landetraining die Muskelfaserstrukturen in unserem Körper neu ausrichten können. Darum ist Seilspringen, Kästchenhüpfen und vom Baum springen auch so wichtig in der Kindheit.«

Außerdem gibt es natürlich noch irgendwelche Specials: Running Circuits, sportartspezifische Circuits für Fußball, Eishockey, für Jugendliche und den klassischen 24-Stationen-Circuit – aber den möchte ich mir noch nicht mal vorstellen – und einen Abnehm-Circuit haben sie auch in der Planung.

Was kostet es?

pro Einheit: 13 Euro
6er-Karte: 65 Euro
Schüler & Studenten: pro Einheit: 10 Euro
6er-Karte: 50 Euro

Aufwand

Gering. Der Hin- und Rückweg muss mit einberechnet werden, wobei die meisten gleich mit dem Fahrrad kommen oder zum Treffpunkt joggen, dann ist die Strecke gleich Teil des Sportprogramms. Außerdem braucht man irgendwelche Sportklamotten.

Für wen?

Für alle, die sich in Form halten wollen. Art, Anzahl und Dauer von Übungen kann variiert werden. Für Leute, die auf Muskelzuwachs Wert legen, ist es nicht optimal.

Wer macht denn so was?

Mehr Frauen als Männer, das Verhältnis ist circa 70 zu 30.

Vorteile

- Beim Outdoor Circuit findet das Training immer draußen statt, einzige Ausnahme: Hagel und Blitz und im Winter wird auf eine Halle ausgewichen. Da die meisten von uns eh den ganzen Tag drinnen hocken, ist das Training draußen eine wahre Wohltat und fühlt sich viel natürlicher an, als nach der Arbeit im klimatisierten Büro in einem klimatisierten Fitnessstudio zu schwitzen.
- Trainer und Kollegen spornen einen zu viel mehr Leistung an, als man freiwillig leisten würde.
- Mit einem Trainer ist gewährleistet, dass man keine doofen Fehler macht, die einem mehr schaden als nützen.
- Zirkeltraining ist eines der effektivsten Trainings für alle, die Kraft und Ausdauer gleichzeitig trainieren wollen.
- Es ist leicht individuell anzupassen.
- Es kommen sehr einfache Hilfsmittel zum Einsatz. Ein Trainer kann Ihnen nur mithilfe eines Baumstamms und eines Gummibandes einen kompletten Circuit zusammenstellen, ohne dass man auf komischen Geräten Platz nehmen muss.
- Es ist abwechslungsreich.
- Durch die Aufteilung in Stationen und Durchgänge ist die Zeit überschaubar: beim ersten Circuit ist man noch frisch, beim zweiten kann man sich schon denken: *die Hälfte ist gleich rum*, beim dritten hat man *nur noch einen* und der vierte ist *der letzte*.

Nachteile

- Der Winter.
- Die Duschen sind ziemlich weit weg, nämlich zu Hause.
- Wer nicht radelt oder joggt, ist mit seinen Sportklamotten in öffentlichen Verkehrsmitteln zu sehen.

»Und, wie war's?«, empfängt mich L. an diesem Abend, als ich verschwitzt und zerzaust ins Wohnzimmer komme. »Nicht schlecht«, grinse ich ihn an und strumple mir die Turnschuhe von den Füßen. »Und gehst du wieder hin?« Tja – gehe ich wieder hin? Ich *würde* gerne wieder hingehen, es kann aber gut sein, dass dieses Ich-würde-gerne-zum-Zirkeltraining-gehen sich zu seinen Kumpels gesellt, die da heißen:

Ich würde gerne einen Volkshochschulkurs Italienisch machen.

Ich würde gerne das Rauchen bleiben lassen.

Ich würde gerne das Altglas immer sofort wegbringen, bevor es zu Installationskunst auf dem Balkon wird.

Verstehen Sie, was ich meine? Ich weiß, dass der Outdoor Circuit eine gute Sache ist, dass es sogar Spaß macht und dass ich danach wirklich froh bin. Ob das jedoch reicht, meinen Schweinehund zu überwinden, oder ob ich mit einem satten Aufprall in ihn hineindonnern werde, wie früher in den Kasten: ich weiß es nicht. Mir schwant aber was …

»Vielleicht brauche ich nur jemanden, der mit mir zusammen Sport macht. Eine feste Verabredung abzusagen ist viel schwieriger, als einfach nicht zum Sport zu gehen«, überlege ich laut.

»Oh, da fällt mir was ein«, L. schlägt sich mit der Hand auf die Stirn. »Anne hat angerufen, ob du zu Pilates mitkommst.«

Ach herrje. Das hatte ich ja völlig verdrängt.

PILATES

Ich weiß nicht mehr, wann genau ich das erste Mal das Wort »Pilates« gehört habe, aber es ist schon einige Jahre her. Damals formte sich in meinem Hirn eine äußerst nebulöse Vorstellung, die im Wesentlichen darauf beruhte, Pilates als die kleine, unscheinbare Schwester von Yoga anzusehen. Wieder irgendwas mit Sichverbiegen. Ich hatte den Eindruck, wer früher Yoga gemacht hat und sich dann von der Masse verfolgt fühlte, die plötzlich ommend die Yogastudios stürmte, der/die stieg auf Pilates um.

Bevor Sie wutentbrannt das Schimpfen anfangen: Ich habe das inzwischen relativiert und zurechtgerückt: Pilates ist nicht die kleine, unscheinbare Schwester von Yoga. Während Yoga einen philosophischen Rattenschwanz aus buddhistischen Gebetsfähnchen hinter sich herzieht, verkörpert Pilates lediglich das klassische *Mens sana in corpore sano*, was so viel heißt wie *Wer in die Mensa will, braucht einen gesunden Körper.*

Warum ich immer dachte, Pilates könne man nur betreiben, wenn man Buddhist, Veganer oder zumindest Aura-Duschen-Besitzer ist – ich weiß es nicht. Es hängt vermutlich damit zusammen, dass die einzige Person, die ich kenne, die Pilates macht, Anne ist. Meine Esoterik-Freundin. Haben Sie auch eine Esoterik-Freundin? In meinem Leben ist diese Rolle mit meiner Kindergartenfreundin Anne besetzt. Wir waren ein tolles Team in der

Gruppe Sonnenschein des städtischen Kindergartens. Gemeinsam kümmerten wir uns um Recht und Ordnung in der Puppenecke und prügelten uns mit den dämlichen Piraten oder Rittern oder als was die Buben sich sonst so ausgaben.

Anne ist, was esoterische Trends angeht, immer up to date und ganz vorne mit dabei. Sie ist außerdem eine zuverlässige Quelle, falls man eine schöne Verschwörungstheorie braucht oder sich auf den neuesten Stand bringen will, was das Datum des nächsten Weltuntergangs angeht. Auch wenn sie sich diesmal ziemlich sicher ist mit dem Weltuntergang (ich glaube, die Magnetpole der Mayas drehen sich um oder so etwas in der Art), spielt sie vorsichtshalber doch noch Lotto – nicht ohne eine energetisierende Pyramide oder einen Edelstein auf ihren Lottoschein zu legen. Man muss sie einfach gern haben.

Anne versucht mich seit einer gefühlten Ewigkeit davon zu überzeugen, mit ihr zu Pilates zu gehen. Aber als sie irgendwann das Wort »Powerhouse« (übersetzt: *Kraftwerk*) erwähnte, das wohl bei Pilates eine wie auch immer geartete Rolle spielt, ging bei mir die innere Alarmglocke los: zusammen mit einer unbestimmten Anzahl Esos eingesperrt in einem Kraftwerk – das halte ich nervlich nicht durch. Da ja aber nun alles anders wird und ich zur fittesten Maus von Mexiko werde, bekommt Pilates eine Chance.

Bevor ich mit Anne zu meiner ersten Pilates-Stunde gehe, mache ich mich ein bisschen schlau, nicht dass ich mich total blamiere, weil ich keinen Power-Haustürschlüssel dabeihabe oder mein Sternzeichen im falschen Powerhouse steht. Dabei erlebe ich mehrere Überraschungen:

1. Überraschung: Pilates ist nicht vor Tausenden von Jahren von einem Inder, Chinesen oder sonst einem erleuch-

teten Asiaten-Guru erfunden worden, sondern von dem Mönchengladbacher Joseph Hubert Pilates. Vom Huber Joseph (1883–1967)!

2. Überraschung: Das Powerhouse ist kein spiritueller Ort, an dem Energien fließen oder sich stauen oder rumlungern oder was Energien angeblich immer so machen – es bezeichnet lediglich die Muskulatur der Körpermitte, nämlich: innerer Bauchmuskel, Beckenboden, Rückenmuskulatur und noch ein bisschen Oberschenkel.

3. Überraschung: Auch sonst keine Esoterik weit und breit.

4. Überraschung: Es gibt kein »wahres«, kein »originales«, kein »authentisches« und kein »klassisches« Pilates. Es gibt kein überliefertes, »offizielles« Trainingsprogramm für Lehrer, das genau so und nicht anders übernommen werden muss. Im Gegenteil: »Jedem seiner Schüler lehrte er (Anm.: der Huber Joseph) etwas anderes. Es existieren heute viele Formen seines Unterrichts, und dieser Umstand ist keine Schwachstelle des Systems, sondern vielleicht die größte Stärke der Methode. Pilates blieb daher ein offenes, innovatives System, das neue Ideen integrieren konnte und kann, ohne durch ein strenges Reglement behindert zu sein.«[9]

Das ist neu. Und ziemlich sympathisch. Überlieferte Weisheiten und Heilmethoden, die konsequent neues Wissen ignorieren, sind mir stets etwas suspekt. Anscheinend ging und geht es dem Joseph, seinen Schülern und den heutigen Lehrern nicht so sehr um das Tamtam, sondern tatsächlich nur um die Stärkung des Körpers. Die Übungen sind nicht nur dazu da, dass sie gleichsam religiös nachgebetet werden, sondern schlicht um eine bestimmte Region des Körpers zu kräftigen. Wenn man nun andere Übungen erfindet, die ebendies auch tun und alte Übungen

---

streicht, von denen man heute weiß, dass sie nicht guttun, macht sich niemand des Pilates-Verrats schuldig.

Dass unsere Mitte, die uns trägt und Flexibilität ermöglicht, möglichst in Form gehalten (oder gebracht) werden sollte, klingt auch ganz einleuchtend: Wir bevorzugen automatisch die linke oder rechte Körperhälfte. Denken Sie nur an Ihr Standbein, an Ihre Händigkeit oder nach welcher Seite Sie sich immer in die Couch sinken lassen. Sie machen auch lieber Links- oder Rechtskurven und nie beide gleich gern. Ich habe den Tick, mich im Bürostuhl immer nach links zu lehnen, wenn ich nicht gerade in die Tasten haue. Und ich sitze viele, viele Stunden meines Lebens in diesem Bürostuhl. Diese »schiefe« Haltung und die Vernachlässigung einer unserer beiden Körperseiten kann eine bunte Palette an Beschwerden zur Folge haben – es kann aber auch sein, dass Sie eine verdrehte Wirbelsäule ärgert oder ein Bein länger ist als das andere. Wenn irgendetwas davon auf Sie zutrifft, haben Sie die freie Auswahl aus einer Fülle von Beschwerden, die sich daraus ergeben können:

- Rückenprobleme (»Isch hab Rücken«)
- Migräne
- Kopfschmerzen
- Bandscheibenprobleme
- Hüftprobleme
- Spreiz- Senk-, Knick- und Plattfüße

Damit einher geht eine noch viel miesere Haltung – weil wir ja versuchen, dem Schmerz auszuweichen, und uns dadurch noch mehr verdrehen – und da ist er, der Teufelskreis.

Es geht also darum, die Muskeln, die wir zum Stützen brauchen, zu trainieren, die Körpermitte dadurch flexibel und stabil zu bekommen und automatisch zu merken, wann wir schief lungern und wann wir gerade sitzen, stehen, liegen. Merken müssen wir es selbst, um dann die falsche Haltung zu korrigieren. Dafür kann man leider auch keine Muskeln verantwortlich machen.

Vermutlich liegt es auch an dieser Fokussierung auf die Funktionalität, dass die Pilates-Methode so ein großes Revival feiert. Falls Sie nicht mit der Welt des Sports auf Du und Du stehen: »funktionelles Training« ist gerade groß in Mode. »Funktionell« heißt lediglich, dass die ganze Plackerei doch bitte für was gut sein soll. Es werden also Bewegungsabläufe trainiert und nicht stupide nur irgendein Dingszeps. Das Gegenteil von funktionellem Training ist zum Beispiel ein Bodybuilder, der an einem Gerät irgendeinen Muskel trainiert, obwohl dieser Muskel so, wie er in dem Gerät beansprucht wird, im Alltag nie zum Einsatz kommt. Sie sehen schon: »funktionell« ist das neue »Das sieht auch zu Jeans gut aus«: das kann man praktisch (fast) immer sagen.

Was mich beim Pilates nun genau erwartet, ist mir allerdings immer noch nicht klar. Als ich mich durch die Webseiten von diversen Pilates-Studios klicke, werde ich aber immer skeptischer: Ich sehe die merkwürdigsten Geräte, deren Design an die klassische Folterbank erinnert. Aufschluss gibt die Biografie vom Pilates Joseph:

Der Athlet, Artist und Kampfsportler wanderte als 32-jähriger nach England aus und kam dort, als der Erste Weltkrieg begann, als Deutscher in ein Internierungslager. Während der Gefangenschaft entwickelte er seine Form der Leibesertüchtigung weiter und trainierte auch seine Mitgefangenen.[10] Da ihnen keine Geräte zur Verfügung standen, baute er kurzerhand die Betten mit-

---

10 Überlieferungen zufolge überlebten seine Mitgefangenen aufgrund ihrer guten körperlichen Konstitution die Epidemie der Spanischen Grippe von 1918, die weltweit 500 Millionen Kranke und 25 bis 50 Millionen Tote forderte.

tels Seilzügen und was es sonst noch so gab zu Trainingsgeräten um – und so sehen die heute immer noch aus. Schwere Holzkästen mit Flaschen- und Seilzügen, Gewichten und Federn, ein wahres Gruselgrauen.

»Was ist das? Fit durch Folter?«, fragt L., als er mir über die Schulter sieht. »Gibt es auch was mit Pranger?«

»Hier gibt es gleich was mit Maulsperre«, knurre ich und schiebe ihn weg, wobei er natürlich nicht unrecht hat. Unter gar keinen Umständen setze ich mich auf so ein Ding.

»Unter gar keinen Umständen setze ich mich auf so ein Ding«, sage ich zu Anne am Telefon und mein Schweinehund wedelt schon mit dem Schwanz, weil er den Pilates-Kelch an sich vorüberziehen sieht.

»In unserem Kurs gibt es keine Geräte«, erwidert Anne fröhlich und das Schwanzwedeln endet abrupt. »Also bis morgen!«

Ja. Bis Morgen.

Als Anne mit ihrem Batik-Beutel und ich mit meiner Sporttasche (ich habe jetzt eine Sporttasche!) am nächsten Tag in den Bus steigen, um zu ihrem Pilates-Kurs zu fahren, erzähle ich ihr, wie Pilates auf die Entwicklung der Geräte gekommen war. »Ein interessanter Typ«, finde ich, und Anne lacht: »Ja, vor allem weil er neben dem ganzen Gesundheits-Zeug wohl kein Kostverächter war: Er liebte angeblich Zigarren, gutes Essen, Whiskey und Frauen.« Oh Mann, das wird immer besser!

Als wir ankommen, bin ich überrascht. Ich hätte gewettet, Annes Pilates-Kurs findet in einem orange gestrichenen Raum mit

Holzfußboden statt, in dem es nach Sandelholz riecht. Tatsächlich aber sind wir in einem gläsernen Raum inmitten eines Fitnessstudios. Annes Trainerin mietet sich hier ein, wenn sie Kurse gibt. »Auf den Propheten kommt es an, nicht auf den Berg«, kommentiert Anne meine Verwunderung und holt uns dünne Gymnastikmatten aus einer Ecke. Der Prophet heißt in diesem Fall Katrin und sieht aus wie Gwyneth Paltrow.

Insgesamt sind wir 14 Frauen, alle stehen wir auf unseren Matten herum und sehen uns Gwyneth an, die leichtfüßig zu der Musikanlage in der Ecke schlendert. »So, dann legen wir mal los!«, sagt sie und drückt auf Play, woraufhin eine Mischung aus Chill-out-Musik und Walgesängen ertönt.

»Und«, fängt Katrin-Gwyneth strahlend an, »gaaaanz entspannt einatmen, undmitdemausatmenbeugendieWirbelsäulelaaangmachenundganzaaauuusatmen. Und mitdemausatmenholtihreureurenBauchnabelrein.« Ich sehe zu Anne rüber, die dort steht wie ein Klappmesser: »Ich habe das im Mittelteil nicht verstanden«, flüstere ich ihr zu, aber Anne hat die Augen geschlossen und ist zentriert. Ich versuche wirklich, den Anweisungen zu folgen, soweit ich zwischen den Walgesängen einzelne Wörter ausmachen kann. Auf jeden Fall versuche ich jedoch Katrin im Blick zu behalten, um zu sehen, was wir gerade machen sollen, wodurch ich ziemlich den Hals verdrehen muss. Dadurch bemerke ich wenigstens, dass inzwischen alle außer mir auf der Matte knien. »Und gaaanzentpsannteinatmen«, sagt Katrin, »dabeidaslinkeBeinandieBrustziehen unddenRückenrundmachen und aaausaaatmen«.

So viel ist klar: Wenn ich in Katrins Rhythmus ein- und ausatme, können die in zehn Minuten den Notarzt holen. Auch das mit dem Entspannen bekomme ich mit meinem verdrehten Nacken nicht so gut hin. Erleichtert lege ich mich, genau wie Katrin, mit angezogenen Beinen auf die Seite. So habe ich sie wenigstens im Blick. Mit dem Ausatmen heben wir alle unser oberes Bein und sehen aus wie eine Meute umgefallener pinkelnder Hunde, mit dem Einatmen senken wir es wieder, ohne es abzulegen. So geht das eine ganze Zeit, zumindest bei Katrin, Anne und den anderen, ich mache nach ein paar Malen schlapp. »Ihr spürt deutlich eure Zentrierung«, sagt Katrin mit einem betonierten Lächeln im Gesicht, ich spüre hauptsächlich meine Oberschenkelmuskeln. Wir liegen noch in verschiedenen Haltungen auf dem Boden herum, unter anderem in dieser:

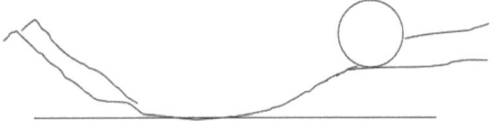

Das ist saumäßig anstrengend und ich halte es nur aus, indem ich die Luft anhalte und einen puterroten Kopf bekomme. »Und ganz entspannt einaaatmen«, sagt Katrin, und das ist der Moment, in dem mir Katrin mitsamt ihren Walgesängen tierisch auf die Nerven geht.

Als Nächstes dürfen wir uns auf den Rücken legen, die Beine weit spreizen, anwinkeln und uns mit den Armen unter den Kniekehlen unterhaken. Stellen Sie sich bitte diese Stellung genau vor. Und nun stellen Sie sich vor, wie 14 Frauen in genau dieser Stellung mit Blickrichtung zu einer Glaswand liegen, hinter der, vis-à-vis, eine Reihe von Standrädern aufgebaut ist, auf denen Männer strampeln. Ich schwöre, genau so war's.

»Ist mir gar nicht aufgefallen«, sagt Anne, als ich sie nach der Stunde auf den unschönen Moment anspreche. Das kann ich mir aber nun gar nicht vorstellen – wie kann man denn nicht merken, dass man gerade in despektierlicher Stellung vor wild-fremden Männern herumliegt? Nackenschmerzen hat Anne auch nicht. Kunststück, sie weiß ja schon, welche Bewegung als Nächstes drankommt. Vermutlich habe ich alles falsch gemacht. Auf unserer Rückfahrt im Bus maule ich frustriert vor mich hin. »Dabei war mir Pilates theoretisch so sympathisch.« Vor meiner ersten Stunde saß ich in Gedanken schon mit meinem deutlich gestrafften Traumkörper in irgendeiner perfekten Pilates-Stellung im Sonnenuntergang, während im Vordergrund *Happy End* stand und damit das Fitnessprojekt abgeschlossen war. Dieses tolle Bild funktioniert nicht, wenn ich auf dem Rücken mit angewinkelten und gespreizten Beinen im Sonnenuntergang liege und im Vor-dergrund *Happy End* steht. Das ist doch ein Witz. »Wir sind das falsch angegangen«, sieht auch Anne ein, »ich wollte nur so ger-ne, dass wir das zusammen machen.«

»Wie seht ihr denn aus?«, empfängt uns L., als wir betrübt bei uns zu Hause einlaufen. »Gab es Ärger im Powerhouse?«

»Sehr witzig, Brutus«, findet Anne und ich schenke L. einen Wenn-Blicke-töten-könnten-würdest-du-jetzt-verpuffen-Blick. Seine Stirn legt sich in Falten. »Das sieht ja wirklich ernst aus. Vielleicht würde den Damen eine Gemüse-Lasagne helfen?« – und schiebt uns in die Küche. Und wer sagt's: sie hilft tatsächlich. Geschmolzener Käse ist eine hervorragende Heil- äh, ... pflanze.

Am nächsten Tag rufe ich Katrin-Gwyneth Paltrow an, um zu sagen, dass ich nicht wiederkommen werde. Wir passen einfach nicht zusammen, Gwyneth und ich. Gott sei Dank sieht sie das genauso. »Man kann zwar nicht viel kaputt machen«, fegt sie meine Bedenken vom Tisch, dass ich mir bei falsch ausgeführten Übungen bleibende Schäden holen könnte, »aber wenn man gerade erst anfängt, braucht man jemanden, der die Haltung korrigiert. Den Rücken gerade machen, die Schultern nach hinten, Schlüsselbeine auseinander, Bauchspannung, Becken nach vorne, das muss man erst mal lernen, wie sich das anfühlt, dass es richtig ist.«

Da hat sie wohl recht, auch wenn ich mir nicht vorstellen mag, wie jemand meine Haltung korrigieren muss, damit meine Schlüsselbeine auseinandergehen. Katrin empfiehlt mir (und allen Pilates-Anfängern) Folgendes:

- Eine Einführungsklasse oder einen Einstiegskurs, in dem die Grundprinzipien erklärt und geübt werden
- Maximal 6 bis 8 Personen im Kurs
- Der Lehrer/die Lehrerin sollte bei jeder Übung die Haltung überprüfen und ggf. korrigieren,
- Wer Rückenprobleme hat, sollte eine spezielle Pilates-Rücken-Klasse besuchen.

Als ich mich mit Jana im Café Einstein treffe, versuche ich ihr die Absurdität der Situation zu erklären, als wir vor den Männern wie sezierte Frösche auf dem Rücken lagen. Nachdem so gut wie nichts los ist und wir ganz hinten in dem verwinkelten Café sitzen, mache ich ihr die Stellung vor. Mit einem Kissen unterm Hintern liege ich breitbeinig und mit angewinkelten Beinen quer auf dem Sessel, die Arme untergehakt, als auch schon Clemens, der schwule Kellner, mit unseren Martinis um die Ecke kommt. Der reißt kurz die Augen auf und sieht dann demonstrativ in eine andere Richtung. »Ich will es nicht wissen!«, sagt er, stellt die Gläser auf unseren Tisch und verschwindet so schnell er kann. Jana nickt. »Ja, verstehe ich,« sagt sie, »das ist absurd. Aber wenn du

Pilates an sich ganz interessant fandest, von Nackenschmerzen und vom Herumliegen vor den Herren der Schöpfung mal abgesehen, dann ist vielleicht so ein Frauenstudio das Richtige für dich.« Und sie wüsste auch schon eins, um die Ecke von ihrer Arbeit wäre eins. Na denn. Pilates, die Zweite.

Sie glauben gar nicht, wie viele verschiedene Lila-Pink-Töne es gibt.

Ich bin bei *Balance*, einem Studio in einem niedlichen Hinterhaus, das mit dem Motto *Wellness for Women* wirbt.[11] Angeboten werden jede Menge Kurse und, das ist neu: kein einziges Gerät. Also Gerät im Sinne von 100 Kilo Stahl mit Gewichten und Seilzug. Dafür spezielle Angebote für Schwangere, Rückbildungskurse, jede Menge Wellness-Angebote und es vergeht kein Wochentag ohne mindestens einen Yoga- und einen Pilates-Kurs. Auch wenn ich mir vorkomme wie in Barbies Fitness-Traum-Palast, muss ich zugeben: Es ist recht angenehm hier. Offen und hell und licht und viele Kissen, es ist ruhig, alle lächeln und in einem Teil der Umkleiden kann man Mäntel und Jacken statt in den Spind an eine Garderobe hängen. Unabgesperrt, für jeden zugänglich. Genau das machen auch viele und alles fügt sich zu einer wohligen, familiären und freundlichen Stimmung zusammen. An einer Wand entdecke ich ein paar (lila) Schmetterlinge als Wand-Aufkleber und es würde mich nicht wundern, wenn die Kloschüsseln voller Glitzer wären.

Zusammen mit zehn anderen Frauen warte ich in einer 120 Quadratmeter großen Loft-Halle mit Parkettboden auf unsere Pilates-Vorturnerin. Am Rand liegen ein paar riesige Hupf-Bälle in, Achtung: Goldfarben.

---

11 www.balance-wellness-for-women.de

Jetzt macht aber mal 'nen Punkt, denke ich, und da kommt auch schon unsere Pilates-Chefin:

Anne Hathaway! Anne Hathaway heißt Katrin Böning (Kati), ist 28, diplomierte Fitnessökonomin und studiert Medizin. Sie ist ein klein bisschen abgehetzt, was darauf hindeutet, dass sie eventuell trotz ihres Aussehens doch der menschlichen Spezies angehört. Aus einer Ecke zieht sie eine hervorragende Erfindung in die Mitte vor die Spiegelwand, die Gruppenkurse auf der ganzen Welt revolutionieren könnte: ein Podest! Wie toll ist das denn? Es ist gar nicht zwingend nötig, sich die Halswirbelsäule zu verrenken!

»Sorry, Leute«, fängt Kati an zu reden – und hört bis zum Ende der Stunde nicht mehr auf damit. Wir fangen an, die Schultern kreisen zu lassen – in leichter Kniebeuge. Als Nächstes machen wir etwas, das einer Liegestütze recht ähnlich ist, und da wird mir klar, warum diese reizende und wunderschöne Frau da vorne in einer Tour plappert: da sie die Übungen vormacht und nicht gleichzeitig neben uns allen stehen kann, um unsere Hüften in die richtige Position zu rücken, erklärt sie ganz genau, wo sich welcher Teil unseres Körpers befinden soll und wie sich das anzufühlen hat. Die Anleitung ist gar nicht mal schlecht! Ich folge ihren Anweisungen und befinde mich schließlich genau in der richtigen Position.

»Und jetzt Löcher auf Verschluss!«, sagt sie, was ein Befehl ist, den Beckenboden anzuspannen. Schön gesagt, oder? Was mir an der ganzen Sache auf den Wecker geht, und da kann Anne Hathaway gar nichts dafür, sind die ständigen Wiederholungen der Übungen, aber genau das ist volle Absicht:

»So kann man leichter den Fokus nach innen richten, das ist gut für die Körperwahrnehmung«, sagt sie, was nun völlig an meinem Prinzip vorbeigeht: möglichst ablenken, damit man die Anstrengung nicht so merkt. Und jetzt soll ich mich genau darauf konzentrieren? Wir liegen auf dem Bauch und strampeln mit Armen und Beinen, als wären wir in einer Art Verzweifeltes-Schwimmen-Training.

»Seid ihr bereit?«, fragte Kati vorher, und »Geht es euch gut?«, erkundigt sie sich zwischendurch. Das ist ganz klar ein Frauenstudio. Außerdem kommt mir der Gedanke: *Ist das außen an meinem Körper eigentlich zu sehen, wenn ich nur tief liegende Muskeln trainiere?*

»Zur Gewichtsreduktion reicht Pilates als Sport nicht aus«, erzählt mir Kati nach der Stunde. Na toll. Im Gegensatz zu mir sieht sie immer noch aus, als käme sie gerade frisch aus der Dusche. Und sie riecht auch so. »Man müsste noch Ausdauertraining dazumachen, Spinning zum Beispiel! Und die Ernährung ist auch ganz wichtig.« Wenn diese elfengleichen Wesen von Ernährung sprechen, ist es ja immer ein bisschen so, als wenn katholische Priester über die Ehe sprechen: *Was wisst ihr schon?*

Du weißt doch noch nicht mal, wie ein Donut riecht, denke ich, aber Kati überrascht mich: »Ich hatte früher ein paar Kilo zu viel auf den Rippen und war außerdem noch wahnsinnig schüchtern,« sagt der Anne-Hathaway-Verschnitt.

»Und was sollte ich so machen, wenn ich mehr wie du und weniger wie ich aussehen möchte?«, frage ich sie.

«Dreimal die Woche eine halbe Stunde laufen, zweimal die Woche Pilates und auf die Ernährung achten. Wenn man wenig Zeit hat.« Sie trainiert außerdem noch alle zwei Monate mit einem Personal Trainer, »um Fehler auszumerzen«, und, schickt sie hinterher, »weil es mir Spaß macht«, womit wir schon beim Hauptproblem wären. Für alle, denen wie mir Anstrengung an sich keine orgiastischen Gefühle bereitet, hat Kati ein paar Tricks auf Lager:

- Zwei Termine in der Woche fest einplanen, wie einen Geschäftstermin. Und zwar konkrete Tage, also »montags und mittwochs« zum Beispiel, nicht »zweimal die Woche«, dann fällt es der Psyche schwerer, sich selbst zu bescheißen.
- Sich das gute Gefühl danach gut einprägen, aufschreiben und den Zettel irgendwo sichtbar aufhängen. Dieses Gefühl abrufen, wenn man meint, nicht vom Sofa hochzukommen.
- Sich vernünftige Ziele stecken, zum Beispiel 2 Kilo im Monat zu verlieren.
- Sich einen Trainingspartner zulegen, das motiviert und man sagt die Termine nicht so leicht ab.
- Für die Ernährung schon heute wissen, was man morgen nach dem Training (Gesundes) essen wird. Damit man dann nicht vor der Wahl steht »Was esse ich jetzt?« Das verringert die Gefahr, eine Heißhunger-Salamipizza zu verschlingen. »Das ist wie beim Kaltduschen«, sagt Kati. Wenn es klar ist, dass ich das jeden Morgen mache, dann ist das Teil des Tagesablaufs, wie das Aufstehen. Überlege ich erst unter der Dusche, ob ich das jetzt mache, habe ich die Wahl und mache es eher nicht.«

Und was hält sie von den Foltergeräten, die es in Pilates-Studios so gibt? »Großartig«, sagt sie. »Mit den Geräten macht man die Übungen automatisch richtig, sonst würde man nämlich zusammenklappen. Das kann richtige Aha-Effekte geben. Ist aber eher was für Fortgeschrittene und sehr anstrengend.«

Wie funktioniert es?

Es geht um die Dehnung und Kräftigung der Rumpfmuskulatur, man geht davon aus, dass diese verantwortlich für eine aufrechte, bewegliche Haltung ist. Insgesamt gibt es über 6000 Übungen, die auf dem Boden oder mittels Geräte gemacht werden. Durch die Übungen und die bewusste Atmung wird außerdem die Körperwahrnehmung erhöht.

Was kostet es?

Zwischen 7 und 14 Euro die Stunde, es sei denn, Sie nehmen einen Personal Trainer (zwischen 50 und 60 Euro die Stunde) oder haben eine Flatrate im Fitnessstudio. Die Volkshochschulen bieten relativ günstige Kurse an und am allerbesten machen Sie sich schlau, ob Ihre Krankenkasse einen Teil der Kosten übernimmt: Dafür muss der Anbieter von der Krankenkasse anerkannt sein. Man bekommt dann nach Einreichen der Teilnahmebestätigung vom Anbieter eine Rückerstattung. Einige Kassen bieten sogar eigene Pilates-Kurse an, und zwar ganz für umme.

Aufwand

Es kann einige Zeit dauern, bis man das richtige Studio, den richtigen Kurs, die richtige Trainerin für sich gefunden hat, und meist liegt dieser Ort nicht direkt um die Ecke. Frei nach Murphys Gesetz ist das Pilates-Studio, das einem am meisten zusagt, auch immer dasjenige, welches am weitesten von Arbeitsstelle und Wohnung entfernt liegt. Wenn nicht, ist es zumindest dasjenige …

- … zu dem man mit den öffentlichen Verkehrsmitteln nur durch dreimal umsteigen hinkommt,
- … vor dem man keinen Parkplatz bekommt.

Für wen?

Pilates ist für alle Menschen, die ihre Körperhaltung und ihre Fitness verbessern möchten, geeignet, besonders auch für …

- … Sportler, auch nach Verletzungen infolge einseitiger Bewegungen.
- … darstellende Künstler wie Tänzer, Schauspieler und Musiker, für die eine gute Haltung wichtig ist.
- … Menschen, die unter chronischen, haltungsbedingten Rückenschmerzen leiden.
- … ältere Menschen, die beweglich bleiben und Stürze vermeiden möchten.
- … Frauen und Männer, die einer Osteoporose oder Rückenleiden vorbeugen wollen.

Wer allerdings schon Osteoporose hat oder unter einer Extremstellung der Wirbelsäule leidet, sollte sich vorher noch mal eingehend mit seinem Arzt beraten, und wer hauptsächlich mordsmäßig Kilos verlieren will, wird auch enttäuscht sein.

Wer macht denn so was?

Viel mehr Frauen als Männer, obwohl es jede Menge männliche Vorreiter gibt, an denen die Herren sich ein Beispiel nehmen könnten: Brad Pitt, Richard Gere, Hugh Grant, John Cleese, Rod Stewart, Pat Cash, Danny Glover, das englische Kricket-Team, die Cleveland Indians (US-Baseball-Team) und: die deutsche Fußballnationalmannschaft.

Vorteile

- Es ist richtig gesund.
- Man kann dabei hervorragend abschalten.

- Wenn man mal weiß, wie es geht (und wenn man unglaublich viel Selbstdisziplin hat), kann man die Übungen zu Hause beim Sonnenuntergang selbst machen, mit einer DVD zum Beispiel.
- Man wird straffer.
- Und man verbessert Beweglichkeit, Körperbewusstsein und Haltung.

Nachteile

- Es ist jetzt nicht besonders aufregend.
- Man wird nicht von der Anstrengung abgelenkt, im Gegenteil: Da der Fokus nach innen gerichtet wird, kann man sich so richtig schön darauf konzentrieren, wo es gerade zieht.

POLE DANCE

ODER DIE STANGE DES VERDERBENS

Wow! Wowwowwowwow! Ich sitze vor dem Fernseher und bekomme vor Staunen fast den Mund nicht mehr zu. Dass man im
Fernsehen überrascht wird, ist doch wirklich selten (und wenn,
dann wundert man sich doch nur darüber, wie täuschend echt
sich die Außerirdischen in den Reality-Shows als echte Menschen
ausgeben). Aber was mir hier gezeigt wird, ist wahrlich und ehrlich unglaublich, ich zeichne Ihnen das mal auf:

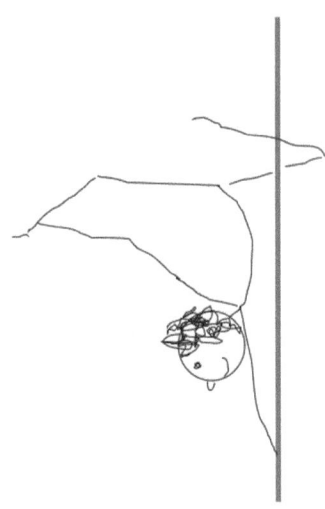

Ich weiß nicht, ob Sie das gut erkennen können: Die Frau (ja, das soll eine Frau darstellen) hängt nur mit einem Bikini bekleidet kopfüber an einer Stange und hält sich alleine mit der Kniekehle fest, mit einer Hand stützt sie sich ab. Dann lässt sie auch diese Hand los, umfasst mit beiden Händen ihre Füße und dreht sich um die Stange, nur gehalten durch die Kniekehle. Und in der Art geht es in der Sendung weiter: permanent hängen Frauen in Bikinis kopfüber von Edelstahlstangen und bringen sich in Positionen, die eigentlich nicht möglich sind. Die hier zum Beispiel:

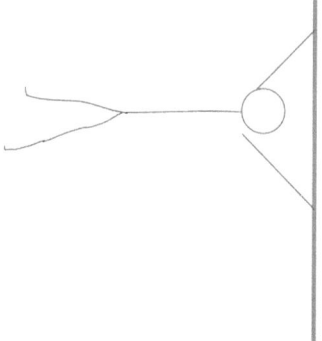

Hammer, oder? Wie geht das, ohne abzubrechen? Ich stupse L. in die Seite: »Das ist Wahnsinn, oder?«

L. legt den Kopf auf die Seite: »Ja, ist schon nicht schlecht.« In dem Moment lässt sich die Tänzerin im Spagat aus zwei Metern Höhe – Kawumms! – auf den Boden fallen.

»AUUU!«, entfährt es L. und mir gleichzeitig und wir klappen automatisch die Knie zusammen. Mit schmerzverzerrten Gesichtern gucken wir hochaufmerksam weiter und unser Warten wird belohnt. Es folgt das, was der Fachmann einen »Spatchcock« nennt, was übersetzt ein Hühnchen bezeichnet, das vom

Bürzel bis zum Hals eingeschnitten und aufgeklappt wird (und dann, derart gespreizt, auf dem Grill landet). Moment, ich mal das mal auf. Die Figur jetzt, nicht das Hühnchen.

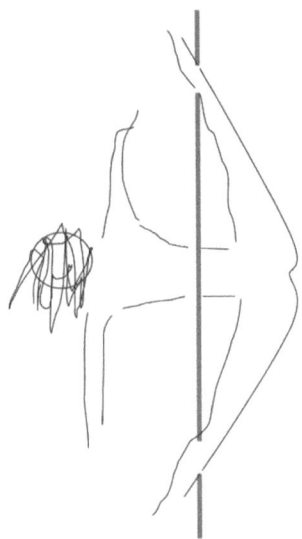

Die Stange wird dabei zwischen dem Hohlkreuz und den unteren Waden eingeklemmt. Ein bisschen makaber, die Bezeichnung, aber durchaus nachvollziehbar, wie es dazu gekommen ist. Was wir sehen, ist keine exotische Foltermethode, sondern die Weltmeisterschaft im Pole Dance, dem Tanz an der Stange.

Frauen, die sich mit einem Bikini bekleidet in der Nähe einer Stange aufhalten, das ging in meiner Welt automatisch einher mit Tabledance-Bars, Airbrush-Fingernägeln und diesem laszivdämlichen Gesichtsausdruck, bei dem die Augenlider halb zu sind und der Mund dafür halb offen steht. Das hier ist anders. Mehr Zirkus und Artisten als peinlich und Striptease. Die Dokumentation erzählt außerdem, dass es sich bei Pole Dance um einen Fitnesstrend handelt – die Frauen sehen auch wirklich, wirklich durchtrainiert aus. Nicht muskelprotzig, wie man bei dem notwendigen Kraftaufwand meinen könnte, sondern richtig schön. Und elegant. Und sexy.

»Vielleicht wäre das was?«, überlege ich laut. »Das macht bestimmt Spaß, wenn man es kann, was meinst du?«

L. sieht sich sofort im Wohnzimmer um. »Wo sollen wir denn hier eine Tanzstange hinbauen? Neben die Yuccapalme?«

»Nee,« schüttle ich den Kopf, »ich will nicht, dass jeder Besuch denkt, ich gebe hier nach dem Tatort die Striptease-Maus.« Das sieht auch L. ein, aber Gott sei Dank fallen ihm ein paar Alternativen ein. Wir könnten sagen, es handelt sich bei der Stange um …

- … eine Feuerwehrstange! Das Feuerwehrhaus wurde abgerissen und ein neues Wohnhaus drum herum gebaut. Wir haben leider den Teil mit der Stange erwischt.
- … eine horizontale Vogelstange.
- … ein Design-Küchengerät von Philippe Starck, wir kommen aber nicht zurecht damit.
- … eine Pole-Stange, wir wissen auch nicht, wie die dahinkommt.
- … Stange? Welche Stange?

Aber das ist das geringste Problem. Was mich beschäftigt, ist: Wie werde ich in so einem knappen Bikini aussehen? Beziehungsweise ist mir schon klar, wie das aussehen wird, ich meine, wie könnte es nicht so, sondern *besser* aussehen?

Würde ich diesen Sport eine Weile betreiben, könnte sich dieses Problem ganz von alleine lösen: bei richtigem Training verbraucht der Körper nämlich bis zu 400 Kilokalorien, und zwar innerhalb von 20 Minuten. Mir schwant: Das sieht nicht nur mordsmäßig anstrengend aus, das ist es auch.

Am nächsten Tag sitze ich vor dem Computer und suche, wo man das Stangen-Trara lernen kann – und werde überrascht: fast überall! Pole-Dance-Schulen sind mitten unter uns! Ich melde mich bei der an, die am meisten nach Sport und am wenigsten nach Dollhouse aussieht. Ich fühle mich einfach noch nicht reif für pinke Glitzer-Shorts.

PoleworkX heißt das Institut meiner Wahl.[12]

PoleworkX ist das Baby von Melanie Mosler, der Europameisterin im Pole-Dance 2010. Sie und ihr Team bieten Anfänger- und Fortgeschrittenenkurse an sowie Schnupperworkshops (auch für Männer).

Ich schicke meine Anmeldung ab und fange sofort danach mit dem Zweifeln an:

- Kraft, Ausdauer, Körperbeherrschung und Beweglichkeit werden trainiert, und das sind alles lobenswerte Eigenschaften, die sich bis jetzt jedoch nicht als meine Stärken hervorgetan haben.
- Der Oberkörper, die Bauch- und Beckenmuskulatur werden besonders trainiert, und auch die treten bei mir nicht groß in Erscheinung.
- Können Sie sich an das Gefühl erinnern, wenn man im Sommer in kurzen Hosen die Rutsche am Spielplatz hinuntergerutscht ist? Und wie das gebrannt hat, wenn das so ruckelte, weil die Haut quietschend auf dem Blech gebremst hat?

---

12   www.poleworkx.de

So muss sich das anfühlen, wenn man die Stange entlang-
rutscht.

- Angelina Jolie, Fergie, Teri Hatcher, Kate Hudson, Madonna
  und die Pussycat Dolls haben das auch schon als super Fitnesstraining für sich entdeckt. Hätte ich allerdings Körper und
  Kondition von einem Pussycat Doll, würde ich auch mir nichts
  dir nichts an so einer Stange hochklettern. Habe ich aber nicht,
  das ist ja das Unangenehme. Viel mehr wäre mir geholfen mit:
  »Tine Wittler, Mutter Beimer, und Bernd, das Brot, haben
  das auch schon als super Fitnesstraining für sich entdeckt!«
  Da denkt man sich doch: Na, dann schaffe ich das vielleicht
  auch, oder?

Besser würde ich es allerdings schaffen, wenn mich jemand begleiten würde. Anne brauche ich mit so was gar nicht erst zu
kommen.

»Jana? Hast du Lust, diesen Samstag zu so einer Art Tanz-Fitness
mitzukommen?« (Man muss ja nicht gleich mit der Pole-Stange
ins Haus fallen.)

»Definiere Tanz-Fitness«, antwortet Jana und beißt am anderen
Ende der Leitung in einen Apfel.

»Also«, fange ich an, »es ist akrobatisch und mit viel Kraft und es
sieht toll aus …« Anscheinend ist meine Erklärung nicht ausreichend, denn Jana isst weiter ihren Apfel und wartet.

»… und man tanzt an einer Stange.« So, jetzt ist es raus. Ich höre
Jana am Ende der Leitung deutlich schlucken. »Zieht man sich
dabei aus?«, fragt sie tonlos, und ich beschwichtige sofort. »Nein,
es ist kein Striptease, die machen das als reinen Sport, das ist
ganz seriös.« Hoffe ich wenigstens. Jana überlegt kurz. »Was hat

man dabei an?« Ich rolle mit den Augen, bis sie mir fast in den Kopf fallen: »Eine Jogginghose und ein T-Shirt! Komm schon, das macht bestimmt Spaß!«

Aber das wird wohl nichts. »Ich habe mit den anderen aus dem Stall ausgemacht, dass wir zusammen ausreiten und dann grillen«, sagt Jana.

»Und warum fragst du mich dann so aus, wenn du eh nicht kannst?«, halte ich ihr vor. Und da höre ich sie durch das Telefon lächeln, als sie antwortet: »Ich möchte doch auf dem Laufenden bleiben, was du so anstellst.«

Na toll.

Als ich am Samstag in der U-Bahn sitze, um zu einem Fitnessstudio am Ende der Stadt zu fahren, wo der Kurs stattfindet, fällt mir auf, dass ich lange nicht mehr so viel in öffentlichen Verkehrsmitteln herumgegondelt bin wie seit Start des Fitnessprojekts.

Wenn da jetzt nur aufgedonnerte Hühner in bauchfreien Tops sind, dann, dann, dann tue ich einfach so, als hätte ich einen Migräneanfall.

Als ich im Übungsraum ankomme, sind meine Stangen-Kolleginnen schon da. Und sie sehen, Gott sei Dank, ganz normal aus. Schlabber-Jogginghosen, Bauchspeck, Knubbelknie, es ist alles da.

Wir sind zu viert:

- Sandra, 24, Foto-Assistentin (Bauchspeck),
- Melanie, 29, Grafikerin (Schlabber-Jogginghosen),

- Julia, 35, Verkäuferin (Knubbelknie),
- und ich, 37 (Bauchspeck, Schlabber-Jogginghosen und Knubbelknie).

Alle drei, Sandra, Melanie und Julia, haben durch eine Freundin oder durch das Freundin-einer-Freundin-Netzwerk[13] den Tipp bekommen, dass Pole-Dance Spaß (und schlank) macht. Und nur eine von ihnen würde damit auch gerne mal ihren Freund beeindrucken: ich.

Mit uns im Raum: zwei Stangen.

Was uns genau erwartet, wissen wir alle nicht, das freut mich, dann blamieren wir uns wenigstens gemeinsam. Wenigstens gibt es hier keine Glaswand und kein Schaufenster.

In dem Moment, in dem Daniela und Martina den Raum betreten, ist uns klar, dass das die Lehrerinnen sein müssen: die beiden sehen in ihren schwarzen, engen Sportklamotten sensationell aus. Da ist kein Gramm Fett an den Lehrerinnen. Null, zero, nada. Sie versprühen auch gleich diese fröhliche Animateur-Stimmung. »Normalerweise sind wir hier so zehn, fünfzehn Mädels und nicht vier, aber hey, so kommt ihr öfter beim Üben dran!« Ich lache ebenso begeistert wie meine Kolleginnen, während ich mich in Gedanken eine Stunde fast ununterbrochen an dieser Stange hängen sehe. Bevor ich mir das mit dem vorgetäuschten Migräneanfall noch mal durch den Kopf gehen lassen kann, haben Daniela und Martina schon Musik angemacht und rufen begeistert: »Aufwärmen! Und los geht's!« Die beiden drehen uns den Rücken zu und fangen an, auf der Stelle zu laufen, was wohl bedeuten soll, dass wir es ihnen nachmachen sollen. Na denn.

---

13   eines der effektivsten Netzwerke weltweit

Während man auf der Stelle läuft, hat man ja nicht viele andere Dinge zu tun, und deswegen mustere ich die beiden noch mal genau: Sie haben die langen Muskeln von Turnerinnen und ein bisschen ein breiteres Kreuz als andere Kinder. Ob ich auch mal so aussehen werde? Bitte?

Nach ein bisschen Dehnen ist es so weit: wir stehen um die Stangen herum. Daniela erklärt den »Grundschritt« um die Stange herum: mit einem Arm in Schulterhöhe festhalten, nach außen lehnen und elegant um die Stange gehen. Julia und ich stehen vor der einen Stange, Melanie und Sandra vor der anderen. »Du fängst an!«, sage ich schnell und grinse Julia an. Die wirft ihr Haar nach hinten, pustet sich eine Strähne aus dem Gesicht und legt los – und es sieht perfekt aus. Sie geht auf den Fußballen, als hätte sie 10-Zentimeter-Absätze an, und ihre Schritte sind anmutig wie die einer Fee.

»Ballett«, sagt sie, als sie einen Schritt zur Seite geht, um mir Platz zu machen, und ich sie mit aufgerissenen Augen ansehe. Oh Mann. Diese Ballettmäuse sind in puncto Grazie echt im Vorteil. Ich kann mich noch gut erinnern, dass ich als kleines Mädchen auch ins Ballett gehen wollte, genauso wie meine beste Freundin und sowieso »alle« anderen auch. Zugegebenmaßen weniger wegen der Grazie, sondern wegen dem ganzen rosa Tutu-Zeug und den Seidenschuhen, aber nein: meine Mutter, der alte Hippie, hatte Angst, dass ich eine falsche Vorstellung von der Geschlechterrolle bekäme, schenkte mir eine Melodica und steckte mich stattdessen in einen Melodica-Kurs. Das hat sie noch Jahre bereut.

Also gehe ich – danke, Mama – um diese Stange nicht wie eine Fee, sondern wie eine Melodica. Dann lernen wir auf die Stange zu springen und mit angewinkelten Beinen auf den Boden zu rutschen, das ist zumindest das, was ich lerne, die anderen ziehen sich aus eigener Kraft ein Stück die Stange hoch und gleiten dann langsam an der Stange herab auf die Knie. Zugegeben, das sieht nicht besonders spektakulär aus und kein Leser wird vermutlich an dieser Stelle das Buch sinken lassen und fassungslos »*Ts, ts, wie macht sie das bloß?*« sagen, aber es macht mir eines klar: Wenn ich es schon anstrengend finde, mich aus eigener Kraft ein Stück eine Stange hochzuziehen – wie anstrengend wird es dann, kopfüber in einem komischen Winkel von der Stange abzustehen?

Der nächste Schritt macht dafür großen Spaß: Da stellt man sich vor die Stange, streckt ein Bein nach hinten aus, hält sich an der Stange fest und dann kommt's: Man kippt in die Richtung des Standbeines zur Seite weg und wirbelt sich so rückwärts um die Stange. Wobei wirbeln hier im Sinn von *trudeln* gemeint ist, nicht im Sinne von *schleudern*. Aber immerhin: Wie ein welkes Blatt im Herbst drehe ich mich zweimal langsam um die Stange, bevor ich mit angezogenen Beinen auf den Boden schwebe.

Das fällt mir ganz leicht und das Beste: es macht riesig Spaß! Endlich bewegt sich was! Das Gefühl erinnert ein bisschen an Kinderspielplatz und Kettenkarussell – wie lange ist es her, dass ich nicht mehr an oder um irgendetwas herumgeschwungen bin …

Es sieht auch mordsmäßig professionell aus, sogar an mir, was ich in der Spiegelwand einwandfrei überprüfen kann. Alle vier baumeln und schwingen wir um die Stangen und haben Spaß, es kommt Eifer auf. Nachdem wir alle schon echt prima zu Boden segeln, lernen wir jetzt, wie man, einmal auf dem Boden eingetrudelt, korrekt wieder aufsteht – und das geht mir nun total auf den Keks: Wenn man gelandet ist, soll man auf alle viere gehen, Brust raus, Hohlkreuz, Arsch raus. Um wieder aufzustehen, kommt dann genau die Bewegung, die sofort nach Billig-Porno aussieht:

Erst mal die Beine durchstrecken und den Arsch als Erstes
aufstehen lassen und dann mit Kopf und Oberkörper so
eine schlängelnde Auftauch-Bewegung machen. Affig, oder?
Recht missmutig hocke ich dann auch nicht wie eine sexy
Catwoman (»Wroooaaaarrr«) auf allen vieren, sondern wie
ein störrisches Schaf (»Bääähhh«). Im Ernst, was soll das?
Machen die Männer das auch? Machen Männer überhaupt
Pole Dance?

»Wenige, aber ja«, sagt Daniela, meine Tipptopp-Lehrerin. »Bei
der Deutschen Meisterschaft dieses Jahr in Hamburg waren das
erste Mal auch Männer dabei.« Dann gibt es also einen Mister
Pole Dance?

»Jepp«, nickt Daniela.

»Und müssen die auch so doof aufstehen?« Natürlich nicht. Die
Jungs haben auch keine High Heels an. Da ist was dran an diesem
Sport, das ich nicht verstehe: Zum einen wird getönt, dass das
eine ganz seriöse Sache ist. So wurde bei der Deutschen Meisterschaft zum Beispiel Wert darauf gelegt, dass die Frauen nicht zu
wenig anhaben und auch ein *zu erotischer Move* gab Punkteabzug.
Zum anderen soll man aber Catwoman spielen und die Mädels
turnen in 10-Zentimeter-Absätzen.

Unversehens haben wir ein paar Schritte gelernt, die wir jetzt an-
einanderhängen können, und voilà: schon haben wir eine Mini-
Choreografie!

- Um die Stange gehen
- Dran hochziehen
- Runterrutschen
- Aufstehen, ein Bein nach hinten, und:

- Rückwärts um die Stange trudeln
- Catwoman- (oder Schaf-) mäßig aufstehen

Sieht super aus! Gut, bei Julia sieht es wesentlich besser aus, das muss ich zugeben. Und hätte ich so eine Stange zu Hause, ich würde wahrscheinlich den ganzen Tag nur daran herumtrudeln, das macht nämlich wirklich Laune.

Als ich nach der ersten Pole-Dance-Stunde nach Hause komme, schaltet L. den Fernseher aus und sieht mich gespannt an.

»Und? Was hast du gelernt?« Meinen tollen Trudel-Move kann ich ihm ja nun nicht vorführen, da sich keine Stange in unserem Wohnzimmer befindet. Also gehe ich in Catwoman-Position auf alle viere und gehe so zwei Schritte auf ihn zu. L. zieht die Augenbrauen nach oben und – sehe ich da Angst in seinen Augen? Dann stehe ich auf: Beine durchstrecken, Hintern als Erstes aufstehen lassen und dann die schlängelnde Auftauch-Bewegung.

»Sieht aus wie, wie …«, stottert er, »wie aus einem Billig-Porno?«, beende ich den Satz.

»Ja. Aber nicht schlecht!« Männer, echt.

Julia macht den Kurs wohl weiter, für sie ist das ideal. Viele Frauen, die vorher schon Ballett oder Tanz, egal welche Richtung, gemacht haben, die gerne turnen oder vielleicht sogar was mit Akrobatik am Hut hatten, finden den Tanz an der Stange für sich perfekt. Ob er nun für mich perfekt ist – ich glaube nicht. Das ist ein bisschen wie mit dem Klavierspielen: Das würde ich auch gerne können, aber lernen mag ich es nicht. Beziehungsweise macht das Lernen nicht so viel Spaß, dass ich es gerne in Kauf nehme, trudeln hin, trudeln her. Inzwischen weiß ich auch, dass es nichts nützt, wenn ich noch so gerne eine von den Grazien wäre, die dort in Hotpants unter der Decke schweben: Das alleine treibt mich nicht regelmäßig zu einem Training, da muss schon das Training selbst funzen.

Wie funktioniert es?

Bei den Figuren an der Stange werden vor allem Oberkörper, Rumpf und Körperspannung trainiert, es verbessert daher in erster Linie Kraft, Flexibilität, Eleganz und Ästhetik. Das Prinzip Akrobatik an der Stange gibt es schon lange: Seit den 1920er-Jahren gab es immer wieder Turner-Teams, meist chinesische Varianten, die unglaubliche Tricks an vertikalen Stangen vorführten. Auch immer noch bekannt ist die indische Akrobatik an der Stange, die von Männern vorgeführt wird, im Unterschied wird hier jedoch das obere Ende der Stange mit einbezogen.

Was kostet es?

Das variiert natürlich, bei PoleworkX kostet ein Einstiegskurs à 5 Stunden derzeit 149 Euro.

Aufwand

Geht. Am Anfang tut es eine Jogginghose, trainiert wird barfuß. Später steigt man auf eine kurze Hose (Hotpants) um, damit man besser an der Stange kleben bleibt. Außerdem muss man, wie bei vielen Kursen, den Hin- und Rückweg zum/von der Location einrechnen. Die Profis haben eine eigene Stange zu Hause (ca. 200 Euro) sowie flüssiges Magnesium für eine bessere Haftung. (Es wird aber auch Haarlack verwendet und einige Unerschrockene schmieren sich Rasierschaum auf die Schenkel.)

Für wen?

Wer Spaß an der Mischung aus Tanz und Akrobatik hat. Und nicht schwanger ist.

Wer macht denn so was?

Frauen. Fast ausschließlich.

Vorteile

- Wer kein totaler Körperclown ist, macht schnell Fortschritte: einige der Teilnehmerinnen der Deutschen Meisterschaft trainieren erst seit einem Jahr.
- Es sieht wahnsinnig toll aus, wenn man's kann. Und sexy.
- Man bekommt eine Figur davon wie eine Kunstturnerin.

Nachteile

- Blaue Flecken, knallrote Ellenbeugen wie ein Junkie durch den Abrieb an der Stange und Knie-weh.
- Man muss ständig erklären, dass man sich dabei nicht auszieht.
- Und die Sache mit dem Aufstehen …

STEP

Verlegen stehe ich vor L. und drehe mich ein wenig hin und her: »Ich muss dir was gestehen«, fange ich an und denke mir: *Waren das noch Zeiten, als auf diesen Satz was anderes folgte als »Ich habe mich in einem Fitnessstudio angemeldet«.*

Die Anmeldung wurde notwendig. Ich will zwar nicht an irgendwelche Geräte, das halte ich eh nicht durch, sondern die Kurse *Step* und *Cycling* besuchen und mich von der *Power Plate* in Form rütteln lassen. Drei zum Preis von einem, das sind Argumente, mit denen man mich ködern kann.

In ein Fitnessstudio habe ich mich das erste Mal getraut, als Neonfarben keine Retro-Mode, sondern topaktuell waren. Es war der erste und zugleich der letzte Besuch. Ich weiß nicht mehr, was genau den Ausschlag gab, aber nach der Besichtigungstour, durchgeführt von Mike, einem Bodybuilder im grünen Netz-Muskelshirt, saß ich mit meiner Freundin Jana an der Fitness-Fun-Bar des Studios unter einem Ralf-Möller-Poster und es war klar: Die sehen uns nie mehr. Jana stieß sauer auf, dass Muskel-Mike ihre Oberarme als *schlaff* bezeichnete (»Was fällt dem Erbsenhirn ein? Ich sage ihm ja auch nicht, dass seine Augen für einen Menschen zu nahe beisammen stehen!«). Mir stieß auf, dass sich hier aufgeblasene Muskelmänner beim Gewichtestemmen im Spiegel beobachteten, und uns beiden stieß der Typ auf, der am Tresen der Fitness-Fun-Bar schon sein drittes Pils intus hatte und uns anstierte, als wären wir sein viertes.

Die einzigen Frauen, die wir sahen, waren alle auf der Strecke Umkleide–Sonnenbank unterwegs und hatten die entsprechende münzmallorcabraune Gesichtsfarbe. Zu dieser Zeit waren Fitnessstudios eindeutig männlich dominiert, was auch gut an der fatalen Inneneinrichtung zu sehen war. Das war exakt die gleiche, wie sie heutzutage in Swingerklubs in Mode ist, sofern man den Reportagen auf RTL Glauben schenken darf:

Kunstpalmen, Barhocker aus Chrom und schwarzem oder rotem Leder, Spiegel, wohin man guckt, und irgendwo steht auch immer eine römische Mini-Statue aus Gips von einem Adonis oder zumindest ein ornamentaler Blumenkübel.

Bei Pilates und Pole Dance, wo ich jeweils ein Fitnessstudio von innen sehen durfte, ist mir schon aufgefallen, dass sich da etwas verändert hat, und das Studio, in dem ich mich jetzt anmelden werde, ist ein totaler Knaller. Ich habe es mir angesehen, ich wurde herumgeführt (diesmal von einem Mann mit normalem T-Shirt) und ich bin mir sicher: Das ist das ideale Fitnessstudio, denn es hat eine riesige Dachterrasse! Mitten in Schwabing! Mag sein, dass das nicht das ausschlaggebende Kriterium für die Wahl eines Fitnessstudios sein sollte, aber hey: eine Dachterrasse![14] Mit Sonnenliegen!

An der Rezeption am Eingang ist auch gleich die Bar, wo es kein Pils gibt, sondern Energy-Protein-Shakes, und gegenüber stehen ein paar Tische und weiße Designerstühle, dahinter eine Ledercouch-Sitzgruppe vor einer Wand voller DVDs. Die darf ich mir alle ausleihen, und zwar für umme, drei Tage lang. Also nacheinander, nicht alle auf einmal. Das Studio ist mit hübschem, dunklem Parkett ausgelegt und die Damen-Umkleiden (keine

---

14   Fitness First, Platinum Club München, www.fitnessfirst.de

Ahnung, ob das bei den Herren auch so ist, dieser Teil war von meiner Führung bedauerlicherweise ausgeschlossen): Umkleiden aus Edelholz. Ganz schön schick. Könnte sein, dass ich eine neue Jogginghose brauche.

Außerdem gibt es noch jede Menge Geräte, die in dem 2400 Quadratmeter Studio untergebracht sind – und was mir sofort gefällt: die Hantelbanken mit den dazugehörenden Bodybuildern und Gewichten, die alle ein bisschen nach Muskel-Mike aus den Achtzigern aussehen, sind etwas versteckt. Gut sichtbar hingegen: ein großer Raum zur Kinderbetreuung (auch für umme) mit Spielzeug und viel bunt. Wellness gäbe es auch noch, heißt es, aber das fange ich lieber erst gar nicht an, das kenne ich schon: Schlussendlich sitze ich dann nur in der Sauna herum und lasse dort Haarkuren einwirken. Das ist keine Männerbude mehr, hier haben Frauen und andere Inneneinrichter gewirkt.

Mein erster Kurs soll Step sein. Gefühlte 150 Prozent aller Frauenmagazine haben in meinem Hinterhirn die Erkenntnis betoniert: Step ist anstrengend, aber gut.

»Du willst eine Stunde lang auf eine Plastikkiste hinauf- und wieder heruntersteigen?« Allmählich geht mir Jana wirklich auf die Nerven.

»Nein. 45 Minuten«, antworte ich und sie lacht mir in den Hörer: »Na, dann ist's ja gut, ich dachte schon, ich muss mir Sorgen machen!«

»Übrigens«, fährt sie fort, »in drei Wochen ist Stall-Fest, es wäre schön, wenn du kommst.« Der Stall, den Jana meint, ist ein Bauwagen am Rand einer Koppel, auf der vier oder fünf Pferde stehen. Eins davon gehört Jana.

»Mal sehen«, entgegne ich und wir verabreden uns auf Rotwein und Pasta beim Italiener um die Ecke, darauf können wir uns eigentlich immer einigen.

Als ich das erste Mal meine nigelnagelneue Mitgliedskarte durch den Schlitz am Eingang ziehe und sich die Türe öffnet, komme ich mir ein bisschen privilegiert vor: Ich war schließlich noch nie wo Mitglied, noch nicht mal beim ADAC (wenn man den selbst gebastelten Privatdetektiv-Ausweis von Yps nicht dazurechnet). In den Umkleiden gehe ich die Edelholz-Spinde entlang, der erste, der frei ist, hat die Nummer 666. Das geht ja gut los. Außerdem hatte ich gestern Abend noch eine Diskussion über geeignetes Schuhwerk mit Anne – die wusste, dass man Step nicht barfuß macht. Ergänzend wusste ich noch aus der Schule, dass man Sporthallen nur mit hellen Turnschuh-Sohlen betreten darf, die nicht abfärben, und jetzt habe ich den Salat: Ich musste mir wegen eines Turnschuhe-mit-heller-Sohle-Mangels die alten Tennisschuhe von Anne ausleihen. Die haben zwar genau meine Größe und die perfekte Sohlenfarbe – aber im Lauf von Annes Tennis-Karriere (die knapp sechs Monate dauerte) haben sich ungefähr 3 Millionen rote Gummi-Kügelchen des Tennisplatz-Belages in das Profil gedrückt. Vor meinem Spind 666 lerne ich nun zwei Dinge:

1. Man muss gar keine Schuhe mit heller Sohle mitbringen, das ist sooo Achtziger …
2. Rote Gummi-Kügelchen fallen beim Gehen aus Schuh-Profilen wieder heraus.

Alles so schnieke und ich brösle hier alles voll, wie unangenehm. Außer mir sind aber nur zwei ältere Damen in der Umkleide und die sind in ihr Gespräch vertieft. Eine von beiden ist wohl Oma geworden und kann sich nicht aus vollem Herzen über das Ereignis freuen:

»Es kam ja alles etwas – überraschend!«

Komisch, denke ich mir, *ich dachte immer, man hat da ein paar Monate Vorbereitungszeit.*

»Und jetzt will er sie auch noch heiraten, aber gut, das muss er selber wissen.« Andere Leute belauschen ist doch immer wieder ein Quell der Freude. Aus den Augenwinkeln sehe ich mir die Damen genauer an und kann pigmentierte Augenbrauen und Lippen in Fahrradschlauchgröße erkennen. Auch die Gesichtshaut sieht leicht – gespannt aus.

»In der ersten Septemberwoche kam der Kleine, am siebten«, bedauert Fahrradschlauch-Omi Nummer 1. »Wir sind ja schon froh, dass es kein ›Nine-Eleven‹ geworden ist«, worauf Fahrradschlauch-Omi 2 den Satz sagt, der mir den ganzen Tag versüßt:

»Was heißt ›Nine-Eleven‹ gleich noch mal? Zehn, oder?«

Gut gelaunt gehe ich zu dem Raum, in dem gleich mein Step losgehen soll. Neun Frauen und drei Männer sind schon da und sitzen in regelmäßigen Abständen im Raum verteilt vor ihren Plastikkisten von Reebok.[15] Ich hole mir auch eine vom Rand und suche mir einen Platz ganz hinten. Es ist still. Auch als nach endlosen Minuten unsere Trainerin kommt (diesmal Reese Witherspoon statt Gwyneth Paltrow), an der Musikanlage herumnestelt und sagt: »Ihr könnt euch auch unterhalten«, bleibt es still. Aber leider nicht lange:

Reese Whiterspoon hat die Musik gefunden, die sie gesucht hat. Es ist die Art Musik, die einige Klamottenläden in Brüll-Laut-

---

15   Eine Plastikkiste von Reebok kostet circa 85 Euro. Dafür heißt sie nicht Kiste, sondern Monoblock, ist 3-fach höhenverstellbar und hat Anti-Rutsch-Füße.

stärke laufen haben, um die Kunden über 18 fernzuhalten. Eine natürliche Barriere, gegen die nur Teenager immun sind. Reese steht vor uns, ebenfalls vor einem Reebok-Kistchen, und macht den Grundschritt vor: »Rauf und runter!«

»Wenn ich sooo mache«, und dabei deutet sie nach links, »einen Schritt nach links neben den Step!« Das macht sie uns auch gleich vor und wir machen mit. Rauf, runter, einen Schritt nach links und wieder von vorne. Kein Problem.

»Und wenn ich sooo mache, dann ziehen wir ein Bein nach hinten oben!« Rauf, runter, einen Schritt nach links, Bein nach oben, kein Problem. Das kann ich.

Es kommt noch eine Drehung dazu und ein Hüpfer nach links, ein Hüpfer nach rechts – es ist wirklich erstaunlich, wie viele unterschiedliche Schritte man um so einen Plastikkasten machen kann. Im Rhythmus der Musik (schnell) springen wir auf, über und neben den Kasten.

»Und jetzt in die Hände klatschen! Rauf, runter Schritt nach links, KLATSCHEN, und jetzt nach RECHTS…!«, tönt es von vorne.

Ich kam mir während dem ganzen Rauf und Runter davor nicht allzu blöd vor. Ich war damit beschäftigt, das richtige Bein an die richtige Stelle zu setzen, das Gleichgewicht nicht zu verlieren und Reese zu beobachten, wohin sie als Nächstes deuten würde. Aber das mit dem Klatschen … das ist jetzt einfach zu affig.

In meinem Kopf zoome ich mich auf Abstand und sehe aus einiger Entfernung das Bild, das wir bieten: Es ist ein wunderschöner Herbsttag, 25 Grad warm, durch die geschlossenen Fenster im Hintergrund kann ich die Bäume im Park sehen, die von der Oktobersonne angestrahlt werden – und wir hüpfen wie die Bekloppten in einem geschlossenen Glaskasten um ein Stück Plastik herum. Gerade so, als wäre es ein Tanzpartner, der sich einfach nicht bewegen will. »Und KLATSCHEN!«

Ich meine, wie würde man einem Außerirdischen diese Situation erklären?

»Warum kommen die Menschen hier zusammen und steigen immer auf dieses Ding drauf?«

»Nun ja, das ist eben gut für die Fitness«, könnte ich antworten.

»Sind das die Gleichen, die im Büro immer den Aufzug nehmen? Und in der U-Bahn die Rolltreppen? Warum treffen sie sich dann abends zum Treppensteigen?«

Was soll man da sagen?

Halbherzig mache ich weiter die Schritte mit »Und jetzt eine Drehung nach LINKS!« Meinetwegen. An den Stellen, an denen geklatscht wird, täusche ich nur an. Aufgrund meines inneren Dialogs mit dem Außerirdischen bin ich nicht mehr ganz so konzentriert, ich bekomme die Schrittfolgen durcheinander, während alle einen Schritt nach links machen, stehe ich oben auf dem Eumel, und als sich alle drehen, hebe ich mein Bein nach hinten, so geht es in einem fort. Jetzt verstehe ich, warum viele sagen, sie können bei Step so schön abschalten: Man muss sich so auf die Schrittfolgen konzentrieren, dass man einfach nicht an die Arbeit, die kaputte Spülmaschine oder den Job denken kann. Aber ehrlich gesagt – das geht mir im Kino auch so.

Meine Mithüpferinnen sind mit Begeisterung dabei, die neben mir springt und klatscht derart, als wollte sie ein Fleißbildchen mit nach Hause nehmen. Als die Musik aufhört, bin ich außer Puste und schwitze, auch ohne Klatschen.

»Und jetzt aufgepasst«, ruft Reese fröhlich, »ein bisschen Spaß muss sein!« Da werde ich hellhörig. Leider bestätigt sich aber meine Befürchtung, dass Reese und ich vollkommen konträre Auffassungen von Spaß haben: Wir dehnen uns. Mal mit Arme hoch, mal mit Arme zur Seite.

Saukomisch, denke ich und strecke brav die Ärmchen. Und dann habe ich doch noch ein klitzekleines bisschen Spaß: Wir sollen ein Bein auf das Step-Ding stellen, die Arme anwinkeln und dann das Becken vor und zurückschieben. Reese Whitherspoon macht das vor und es sieht aus wie – na ja, wie Leute eben aussehen, wenn sie ihr Becken vor- und zurückschieben. Und die Augen meiner Mit-Hüpfdohlen wandern, genau wie die meinen, sofort in Richtung der drei Männerhintern.

Nach dem Kurs schlurfe ich zu meinem teuflischen Spind 666 zurück. Ich finde den Weg auch sofort, ich muss nur der Spur roter Gummi-Kügelchen durch das Fitnessstudio folgen – ob schon mal jemand aus einem Fitnessstudio rausgeflogen ist?

Nachdenklich ziehe ich mich um – Step war nicht der durchschlagende Erfolg, den ich mir erhofft hatte. Bestimmt ist das für viele andere der perfekte Sport, aber ich komme mir blöd vor, und das ist kein idealer Ausgangspunkt. Ein idealer Aussichtspunkt hingegen ist die Dachterrasse, und die werde ich jetzt schön mit einem Protein-Shake genießen.

»Einen Heidelbeer-Shake mit Sojamilch!«, bestellt die Frau vor mir, die auffallend Sandra Bullock ähnelt. *Trainerin*, steht auf dem Schildchen unter dem perfekten Dekolleté. Die könnten mit ihren Trainern glatt eine Hollywood-Double-Agentur aufmachen. Sogar einen frühen Keanu Reeves habe ich schon gesehen. Er hielt einem kleinen Dicken die Füße, während der versuchte, bäuchlings auf einem Riesen-Gummiball zu balancieren. Ich würge weitere Gespräche mit dem Außerirdischen in meinem Kopf ab und bestelle einen Schoko-Shake.

Mit dem steige ich auf die Dachterrasse, die Sonne scheint, es ist einfach herrlich hier. Die Herbstsonne taucht die Terrasse in goldenes Nachmittagslicht, das Holz knarzt beim Drübergehen, außer ein paar Pflanzenkübeln mit Oleander ist niemand da. Eine Sonnenliege mit Decke und Tischchen steht am perfekten Platz – was gibt es Besseres? Ich lehne mich zurück, schließe die Augen und nehme einen großen Schluck Schoko-Shake.

Ich weiß nicht, ob sie den Geschmack von Schoko-Shakes abrufbar haben, aber ich liebe Schoko-Shakes. Schoko-Shakes bestehen aus Vollmilch, in die eine große Portion Schokoladen-Eis verquirlt wird, im Idealfall sitzt oben ein kleines Sahnehäubchen drauf, in dem ein bunter Strohhalm steckt. Das, was sich da in meinem Becher befindet, hat nichts, und zwar überhaupt gar nichts mit einem Schoko-Shake zu tun. Es ist praktisch das Gegenteil von einem Schoko-Shake, es ist das, was man in der Hölle vorgesetzt bekommt, wenn man dort einen bestellt. Eine hundertstel Sekunde später verteile ich den Schluck als feinen Sprühregen über Liege, Decke und Oleander und verlasse fluchtartig Terrasse und Shake, die Decke mit den lustigen Schoko-Shake-Spritzern schmeiße ich in die Umkleide zu den Handtüchern.

Als L. nach Hause kommt, rühre ich gerade warmen Schokopudding an. L. kennt die lange Liste meiner Frust- und Trost-Gerichte und hebt sorgenvoll die Augenbraue: »Lief es nicht so gut im Fitnessstudio?« Ich erzähle ihm von den Omis in der Umkleide und Reese Whitherspoon und mache ihm sogar eine Schrittfolge inklusive Klatschen vor. Und von dem »Schoko-Shake« erzähle ich ihm auch. »Verstehe«, nickt L. und holt uns zwei Löffel, »und das hier ist die Gegen-Veranstaltung?«

»Genau«, antworte ich, und zu zweit löffeln wir den warmen Pudding aus dem Topf.

Im Internet finde ich dann das grausame Getränk, das ich heute über die Dachterrasse verteilt habe: es ist eine hoch konzentrierte Proteinmischung, die in Pulverform mit fettarmer Milch oder Sojamilch angerührt wird. Die Proteine sollen Heißhunger-Attacken nach dem Training verhindern und außerdem Muskelwachstum und Fettverbrennung fördern. Außerdem wirbt die Firma mit dem »einzigartigen Geschmack«, was ich sofort unterschreiben kann. Teufel auch.

Wie funktioniert es?

Step ist ein Ausdauertraining. Zu ziemlich schneller Humpa-Bumpa-Musik werden Schrittfolgen auf und um das Step absolviert. Das Herz-Kreislauf-System kommt in Schwung, die Rumpfmuskulatur wird gestärkt, die gesamte Bein- und Gesäßmuskulatur wird beansprucht und Kalorien werden verbrannt.

Was kostet es?

Meist ist Step Teil des Kursangebots von Fitnessstudios, die Gebühren für Fitnessstudios hängen stark von der Stadt ab und auch innerhalb einer Stadt kann der Preis zwischen circa 40 und 80 Euro schwanken. Es gibt auch Billig-Fitnessstudios (McFit, zum Beispiel), die unter 20 Euro pro Monat liegen, aber auch ein recht begrenztes Angebot haben. Und teurer geht natürlich auch immer. Die Fitness-Chefin Johanna Fellner (zu der kommen wir noch ...) empfiehlt dreimal die Woche 30 Minuten.

Aufwand

Sporttasche packen, ins Studio, umziehen, Kurs und dann alles wieder rückwärts.

Für wen?

Für alle, die Kilos loswerden wollen, Knieprobleme haben[16] oder generell ihre Beweglichkeit verbessern wollen. Da die Kiste höhenverstellbar ist und man die Intensität des Trainings so variieren kann, ist Step für alle geeignet, Fitnessstudios bieten jedoch meist getrennte Einsteiger- und Fortgeschrittenenkurse an.

Wer macht denn so was?

Frauen. Es sagen zwar alle TrainerInnen, dass sie erst kürzlich »ganz viele Männer« in einem Kurs hatten, aber die meisten Teilnehmer sind Frauen.

Vorteile

- Die Ausdauer wird verbessert.
- Herz-Kreislauf- und Lungenkapazität erhöhen sich.
- Es werden schnell viele Kalorien verbrannt.

---

16 Wer Knieprobleme hat, sollte lediglich die Hüpfer vermeiden und sich von einem Trainer beraten lassen.

- Die Gelenke werden geschont.
- Beine und Po werden gekräftigt.
- Das Taktgefühl wird geschult.
- Gleichgewicht und Koordination auch.
- Die Bewegung im Takt zu motivierender Musik kann großen Spaß machen.
- Durch das Konzentrieren auf die Choreografie schaltet man die Alltagssorgen ab.
- Im Kurs wird man durch die Trainer motiviert.
- Man kann es aber auch zu Hause machen (sofern man weiß, wie es richtig geht), es gibt jede Menge DVDs dazu.

Nachteile

- Man kann sich ziemlich albern vorkommen.
- Man muss in der Regel in ein Fitnessstudio.

Was ich außerdem gelernt habe:

- »Nine-Eleven« heißt »Zehn«. Oder?
- Stinktiersträhnchen sind gefärbt! Die Schamhaare sehen ganz normal aus!
- Alle unter 20 haben keine Körperbehaarung mehr!
- Mit der Anzahl der Tattoos steigt direkt proportional die Farbintensität der Unterwäsche.
- Ich will nicht klatschen und hüpfen.
- Protein-Shakes sind die Hölle.

POWER PLATE[17]

Auf die Power Plate setze ich große Hoffnungen. Falls Sie nicht wissen, wie eine Power-Plate aussieht, zeichne ich Ihnen hier eine auf:

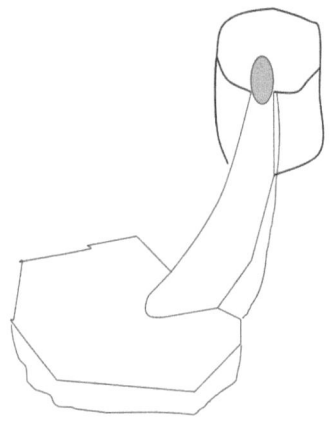

Das kleine, graue Oval ist eine Fläche mit blinkenden Knöpfchen, wo man die Zeit einstellen kann, wie schnell es rütteln soll (Hertz), und solche Dinge. Sieht ein bisschen aus wie das Fortbewegungs-mittel der Zukunft, oder? Der Segway 3000! Bewegen kann sich das Supergerät aber nur minimal: es vibriert auf der Stelle. Die

17 Power Plate ist der Name eines Geräteherstellers und wird synonym gebraucht für alle Vibrationsgeräte wie zum Beispiel VibroGym oder Galileo, die alle wissen-schaftlich erwiesen haben, dass ausschließlich ihre Geräte funktionieren und die der anderen totaler Schrott sind.

Platte, auf der man steht, vibriert allerdings so schnell, dass man nur ein gleichmäßiges Brummen wahrnimmt. Die Damen kennen sowohl das Geräusch als auch das Vibrieren. Genau so.

Was daran gut sein soll, ist mir nicht ganz klar, aber was ich darüber lese, erinnert mich an was:

* Die der Vibration ausgesetzte Muskulatur wird bis zu 50 Mal die Sekunde unbewusst kontrahiert.
* Auch die tief liegenden Muskelgruppen und die Gesichtsmuskulatur.
* 10 Minuten Power Plate ersetzen 1½ Stunden normales Training.

Klingt wie meine Kumpels von Bodystreet, oder? Bekannt ist das Rüttel-Prinzip schon seit dem Jahr 1869, eine alte Zeitungsannonce wirbt für Vibrationsgeräte, die man sich an den Arm oder in den Rücken hält, mit dem wunderbaren Slogan *Vibration is Life*.[18] Knappe 100 Jahre später griff ein ostdeutscher Professor die Methode wieder auf, entwickelte sie weiter und so kam sie schließlich beim Training des russischen Staatsballetts zum Einsatz. In den 1970ern fand die Technologie Eingang ins Weltall: Russische Kosmonauten schafften dank der Schüttelei den Rekord von über 400 Tagen im All (im Gegensatz zu kläglichen 120 Tagen der Amerikaner) – eine Sache, die zuvor aufgrund des Muskel- und Knochenschwundes nicht machbar war. Fast 30 Jahre später entwickelte der niederländische Olympiatrainer

---

18 Die Vibrationsstäbe übrigens, die sich in Bestellkatalogen Damen an die Wangen halten und die man sich im richtigen Leben nicht an die Wange hält, stammen ursprünglich auch aus dem medizinischen Bereich: mit ihnen wurde bis in die zweite Hälfte des 20. Jahrhunderts hinein die *Hysterie* behandelt. Der Stab ersetzte die aufwendige Beckenbodenmassage durch die Gynäkologen, die damals nicht begriffen, dass der Höhepunkt ihrer Behandlung ein Orgasmus war. Lustig, nicht? Genaueres dazu in: *Miss Sex: Wie ich auszog die beste Liebhaberin der Welt zu werden*, ISBN 978-3-86882-159-8

Guus van der Meer schließlich die Power Plate. Olympiasportler wurden damit trainiert, und sie wurde zum Kommerzprodukt. Dann dauerte es nicht mehr lange, und plötzlich war die Power Plate überall: Madonna und Claudia Schiffer schwörten auf ihre Geräte zu Hause, Bilder von der deutschen Fußballnational- mannschaft auf Power Plates im *Sommermärchen* waren zu sehen und bald gehörten sie zum Inventar aller Helgas und Brigittes Schönheits-, Fitness- und Wellnesssalons des Landes. Billige Ko- pien standen in den Küchen und Badezimmern der Privathaus- halte wie die geparkten Mopeds von Außerirdischen. Für einen bloßen Modetrend hat sich die Platte zu lange gehalten, es ist Zeit, dass ich mir das ansehe. Vielleicht ist das Geheimnis für meinen zukünftigen Super-fit-Traumkörper schon ewig auf dem Markt, alle schwärmen und vibrieren sich fit, nur ich habe es wieder verpennt.

»Oooobbb dudududu daaaannn sosososooo sprrrrichst?«, über- legt L., während ich die Sporttasche schultere. »Ja, vermutlich«, sage ich und verschwinde in Richtung des größten Vibrators der Welt.

Wer so eine Power Plate ausprobieren möchte, sollte dies unbe- dingt unter professioneller Aufsicht tun, wurde mir gesagt. Macht man etwas falsch, bekäme man möglicherweise Rückenprobleme, Gelenkschäden, Migräne und Schwindelgefühl. Daher stehe ich nun mit Maria, einer Italienerin, sowie einer sehr rosigen Susi und Annes Tennisschuhen vor den Power Plates, wo wir auf die Trainerin warten, die uns heute einweisen wird. Die Power Plates stehen in einer Reihe, direkt neben dem Weg, den alle nehmen müssen, die von den Umkleiden zu den Fitnessgeräten wollen. Das ist wie in der Disco der Platz vor den Toiletten: da kommen alle mal vorbei. Na toll.

»Hallo! Na? Alle für die Power Plate hier?«, tönt es auch schon wie im Kasperltheater. Ich muss zugeben, ich war schon auf dem Weg zum Studio gespannt, welche Hollywood-Größe heute auftreten würde. Und siehe da: Miss Power Plate könnte eine Zwillingsschwester von Sienna Miller sein. Gibt es ein Gesetz, dass Fitnesstrainerinnen blond sein müssen?

Sienna Miller klatscht zweimal in die Hände: »Dann mal ran an die Geräte!« Wir stellen uns auf die Geräte, halten uns an den Bügeln fest und ich kann es mir nur schwer verkneifen, »Brumm, brrumm,« zu machen, wie früher als Kind, wenn man Auto gespielt hat. »Also«, fängt Sienna Miller an und zerstört alle meine Hoffnungen mit einem einzigen Satz, »die Power Plate ist kein Ersatz für Sport!« Die rosige Susi sieht genauso enttäuscht aus wie ich. Es wäre auch zu schön gewesen.

»Aber es ist super zum Ausgleich und zur Entspannung,« redet Sienna gut gelaunt weiter. Wir werden für den Anfang 60 Sekunden durchgeschüttelt. Dafür müssen wir in einer leichten Kniebeuge stehen, die Muskeln anspannen und uns schön am Bügel festhalten. Das kenne ich noch aus Bodystreet, die Haltung habe ich echt gut drauf – wahrscheinlich alle Frauen, die schon mal auf eine öffentliche Toilette gegangen sind.

Sienna Miller drückt auf die Knöpfchen unserer Höllenmaschinen und dann geht's los: Statt einem BBBRRRRWWWMMMMM, das ich erwartet habe, kommt lediglich ein bbbbrrrwwwwmmmm. Die Platte vibriert, aber jetzt auch nicht so, dass ich Angst habe runterzufallen. Merke: Eine Power Plate ist kein Teufelsrad.[19]

---

19 Das alte Fahrgeschäft »Teufelsrad« ist eine sich drehende, runde Platte, auf der man Platz nehmen kann. Während die Plattform anfängt, sich immer schneller zu drehen, versucht man möglichst lange darauf sitzen zu bleiben. Zur Erschwerung gibt es einen großen, weichen Ball, der über der Plattform pendelt und die Gäste »abräumt«.

Kurz bevor die 60 Sekunden um sind, ist mir auch schon langweilig. Darum probiere ich aus, was passiert, wenn ich die Muskeln nicht anspanne, sondern ganz entspannt stehe. BBBRRRRWW-WMMMMM dröhnt es in meinem Kopf. So, als hielte ich mir die elektrische Zahnbürste mit der Plastikseite statt mit der Borstenseite an die Zähne. »So!«, strahlt uns Sienna nach den 60 Sekunden an. Trainerinnen fahren total auf das Wort »so« ab, das habe ich schon gemerkt. Motivation in zwei Buchstaben ist das.

»Jetzt zeige ich euch, wie effektiv die Power Plate die Muskeln lockert!« Maria und die rosige Susi sehen genauso begeistert aus der Wäsche wie ich.

»Stellt euch an den Rand der Plattform«, befiehlt Sienna, »die Beine schön durchgestreckt lassen, und nun versucht mit euren Fingerspitzen eure Zehen zu berühren!«

Herrje! Die Übung kenne ich, das ist die Übung, bei der man sich immer denkt: *Das konnte ich doch früher!* Wie erwartet komme ich noch nicht mal in die Nähe meiner Knöchel.

»So! Und jetzt machen wir die gleiche Übung während der Vibration!«, freut sich Sienna und schaltet bei unseren Geräten den Rüttel-Mechansimus an. Bbbbrrrwwwwmmmm macht die Power Plate, ich biege mich vornüber in Richtung Knöchel und das Wunder geschieht: Ich komme nicht nur bis zu den Zehen (Ich komme an meine Zehen! Ich komme an meine Zehen!), ich kann mich sogar noch weiter dehnen. Meine Fingerspitzen reichen über den Rand der Power Plate hinaus! Ich bin's, die Gummi-Frau! Toll. Während ich begeistert kopfüber auf der Plattform stehe und die vibrierende Platte unter mir ansehe, kommt mir ein Gedanke. Das muss ich ausprobieren! Ich stehe hier schließlich auf dem größten Vibrator der Welt! Eine Sekunde später sitze ich im Schneidersitz auf der Plattform. BBBRRRWWWMMM-MM dröhnt es jetzt in meinem Schädel, ich sehe verschwommen und das sind überhaupt nicht die Dinge, die ich mir vom größten Vibrator der Welt erhofft hatte. Gott sei Dank sind die 60 Sekunden schon wieder vorbei. »Es gibt tatsächlich viele verschiedene Übungen auf der Power Plate«, lächelt mich Sienna an und holt eine von den Reebok-Step-Kisten. Wie süß. Hat sie gedacht, ich mache eine Übung?

»Wenn man zum Beispiel Muskelkater hat, ist das ideal«, sagt sie und stellt die Kiste hinten an die Power Plate dran. Wir sollen uns auf die Rüttel-Plattform legen, den Rücken aber auf die Plastikkiste, damit Wirbelsäule und Kopf nicht vibrieren. Oh Mann, das verspricht doch noch ganz lustig zu werden. Maria und Susi sprinten sofort los und holen sich einen Stepper. Dann liegen wir mit dem Hintern und leicht gespreizten Beinen auf der Power Plate, zwischen unseren Füßen ragt die Säule mit dem Bügel in die Luft. Unsere Rücken und Köpfe liegen, wie gewünscht, auf dem Step und Sienna schaltet unsere Power Plates ein. Sooo habe ich mir das vorgestellt. Keine Ahnung, was das mit Sport zu tun hat, aber das ist mir jetzt so was von egal. Die Minute ist viel zu schnell vorbei. Ich sehe nach links und rechts zu meinen Kolleginnen, Maria und Susi, wir grinsen uns an. »Noch mal?«, fragt Sienna und im Chor rufen wir: »Jaaaaaa!!«

Zugegeben, ein Vibrator zum Drauflegen hat seinen Reiz. Aber jetzt mal unter Pfarrerstöchtern: Das ist doch kein Sport, oder? Auch nicht, wenn ich da Kniebeugen drauf mache. Ich finde es schon absurd, in ein Fitnessstudio zu gehen, da grenzt es fast an Comedy, wenn ich in ein Fitnessstudio gehe, *um mich auf eine vibrierende Plattform zu stellen!*
Und zwar *bei aller Liebe*, wie meine Freundin Jana sagen würde.

Ich kann mich auch des Eindrucks nicht erwehren, dass permanent irgendein neuer Trend gehypt werden muss, und es ist auch immer gleich eine Weltneuheit, die für alles gut ist und alles besser kann. Für die Power Plate zum Beispiel wird damit geworben, dass die Vibrationen ja auch die Durchblutung des Beckenbodens steigern, die tief liegende Muskulatur entspannen und so zur Ausschüttung von Sexualhormonen anregen. Das haben Sie bei allen möglichen sportlichen Betätigungen! Oder Sie machen einfach nur Sex, da kriegen Sie das auch alles und sogar noch ein bisschen unterhaltsamer! Oder Sie machen ein paar Beckenbodenübungen im Sitzen, am Schreibtisch, während Sie arbeiten: einfach ein paarmal so fest Sie können die Muskeln anspannen. Welche? Die, die Sie spüren, wenn Sie während des Pinkelns den Harn anhalten. Das ist natürlich nicht ganz so spektakulär wie die Rüttelmaschine, dafür kostet es keine 3000 bis 17 000 Euro. Bin ich ungerecht? Vielleicht.

Erwiesen ist anscheinend, dass Leistungssportler mit so einem Gerät ihre Leistung steigern können. Glückwunsch. Auch im medizinischen Bereich scheint die Muskelstimulation durch Vibration gut zu funktionieren. Reha, Lähmungen, solche Dinge.

Für alle, die keine Leistungssportler oder Reha-Patienten sind, ist das so eine Sache:

Es gibt jede Menge wissenschaftliche Erkenntnisse, die nicht unbedingt alle das Gleiche aussagen. Und es gibt jede Menge Aussagen, die man als Laie schwer deuten kann:

Erwiesen ist, dass Bewegung guttut und dass Bewegungs*mangel* in engem Zusammenhang steht mit: Übergewicht (Stoffwechsel), Cellulite, Durchblutungsstörungen, Rückenschmerzen, Verspannungen, Osteoporose, Vitalitätsverluste, Immunschwäche, Inkontinenz, Haltungsschäden, Verletzungen, Diabetes, Cholesterin,

Bluthochdruck, Stress, Schlaf- und Verdauungsprobleme oder Depressionen, der zukünftigen Todesursache Nummer eins.

Man kann nun sagen, die Power Plate verschafft allen Muskeln Bewegung und ist somit gut gegen: Übergewicht (Stoffwechsel), Cellulite, Durchblutungsstörungen, Rückenschmerzen, Verspannungen, Osteoporose, Vitalitätsverluste, Immunschwäche, Inkontinenz, Haltungsschäden, Verletzungen, Diabetes, Cholesterin, Bluthochdruck, Stress, Schlaf- und Verdauungsprobleme oder Depressionen, der zukünftigen Todesursache Nummer eins.

Man könnte aber auch sagen: Etwas mehr Bewegung wäre gut.

Wie funktioniert es?

Die Platte schwingt 25- bis 50-mal in der Sekunde auf und ab, oder auf und ab und hin und her, je nach Marke und Modell. Die Vibrationen, die dabei entstehen, lösen im gesamten Körper einen Muskel- und Sehnendehnreflex aus, welcher bewirkt, dass diese Muskeln pro Sekunde bis zu 50 Mal unbewusst kontrahiert werden. Durch die Vibration wird die Muskulatur beim Dehnen mit mehr Sauerstoff versorgt als sonst, was sofort zu einer besseren Dehnung führt. Die Übungen werden zunächst im Stehen durchgeführt, später kommen Gymnastikübungen wie Einbeinstand, Kniebeugen, Sit-up- oder Liegestütz-Position hinzu. Pro Woche reichen zwei bis drei Trainingseinheiten à 10 Minuten.

Was kostet es?

Das günstigste Power-Plate-Modell kostet knapp 3000 Euro, das teuerste Gerät 17 240 Euro. Die meisten Fitnessstudios bieten die Geräte auch an. Entweder sind sie im Monatsbeitrag inbegriffen oder die Benutzung ist durch eine Erhöhung der Grundgebühr geregelt. Es gibt aber auch reine Power-Plate-Studios, 10er-Karten kosten zwischen 120 und 150 Euro.

Aufwand

Wenn man das Ding nicht zu Hause hat, muss man in ein Fitnessstudio. Das ist zwar kein riesiger Aufwand, aber schon komisch, wenn man das für ein 10-Minuten-Training macht. Oder?

Für wen?

Mal wieder für alle. Wer Rücken- oder Gelenkschmerzen hat, sollte sich aber erst nach Rücksprache mit dem Arzt auf die Platte stellen. Schwangere sind auch raus.

Wer macht denn so was?

Frauen machen das gerne als Sport, Männer machen das manchmal nach dem Sport.

Vorteile

- Ganz klar: Es vibriert!
- Es gibt zwei Massage-Stufen, eine gegen Cellulite und eine gegen Muskelkater.
- Es ist nicht anstrengend.
- Es schont die Gelenke.
- Der Sport ist schnell vorbei (10 Minuten!)
- Man kommt wieder mit den Fingerspitzen an die Zehen.

Nachteile

- Es fordert Herz und Kreislauf kaum.
- Es ist teuer in der Anschaffung.
- Bei falscher Anwendung drohen Rückenprobleme, Gelenk-schäden, Schwindelgefühl und Migräne, deshalb:
- Man braucht einen Trainer, der einem die Übungen zeigt.
- Ein Gerät in die Wohnung zu stellen, kann an dem Unwillen der Nachbarn unter Ihnen scheitern, die der Lärm stört oder die es einfach doof finden, wenn ihnen der Stuck auf die Bir-ne bröselt.

CYCLING

Cycling meint Radfahren. Warum es aber *Cycling* und nicht *Radfahren* heißt? Ich habe keine Ahnung. Vermutlich, weil *Cycling* mehr nach Sport, Schweiß und neonfarbenen Fahrradhelmen klingt und *Radfahren* mehr nach Hollandrädern, Picknickkörbchen und Jemanden-auf-dem-Gepäckträger-mitnehmen. Ich habe das übrigens vor Kurzem wieder mal gemacht, mich auf einem Gepäckträger mitnehmen lassen. In den Biergarten. Das ist saumäßig anstrengend! Und bevor Sie verächtlich mit den Mundwinkeln zucken: Heben Sie mal zehn Minuten lang aus sitzender und leicht nach hinten gelehnter Position die gestreckten Beine hoch. Das ist höllisch und eine gute Übung für die Bauchmuskeln. Leider gibt es aber keinen Kurs, bei dem man sich in den Biergarten fahren lassen kann.

Nach allem, was Sie bisher mit mir erlebt haben, werden Sie kaum verwundert sein, wenn ich zugebe, dass mir Hollandräder und Picknickkörbe um Gezeiten lieber sind als Schweiß und neonfarbene Fahrradhelme. Das Problem dabei ist: Picknicken ist keine Sportart. Will man Fahrradfahren jedoch als Sport betreiben, geht das meist einher mit unvorteilhafter Kleidung, teuren Rädern und wund gescheuerten Hinterteilen. Das möchte ich nicht.

Ich möchte auch nicht ein Fahrrad in die Wohnung tragen oder wieder hinunter, geschweige denn das Ding dort stehen haben. Ich möchte auch keine Schuhe, die so lustig mit den Stollen klackern, und am allerwenigsten möchte ich Radlerhosen tragen, das ist

schlicht entwürdigend. (Für mich, Ihnen stehen die vielleicht großartig.) Aus diesen und noch ungefähr 100 anderen Gründen habe
mich für Indoor Cycling entschieden. Das erspart mir außerdem, in
die Beifahrertür eines Autos zu rumsen, nachts und/oder im Regen
fahren zu müssen sowie an Ampeln stehen bleiben zu müssen.

»Spinning? Du?«, fragt L. erstaunt, als ich ihm davon erzähle.
»Du spinnst selber, und zwar immer dreimal mehr«, blaffe ich
zurück, aber L. benutzt nur das Wort, das die meisten für das
Fahrradfahren in einem Fitnessstudio verwenden: Spinning. Warum es bei mir im Studio und in vielen anderen nicht so genannt
wird, ist simpel: Die Firma Mad Dogg Athletics Inc. hat Spinning gewissermaßen als Marke eintragen lassen und besitzt nun
daran die Wortrechte. Wer also »Spinning« einfach so in sein
Programm schreibt, bekommt von deren Anwälten eine saftige
Abmahnung zugeschickt. Das provoziert ja ein kleines bisschen,
stimmt's? SPINNING! SPINNING, SPINNING!

Ich kann mir gut vorstellen, dass mir das gefällt. Die gleichmä-
ßige Tretbewegung, das Immer-schneller-Werden und man muss
auf nichts anderes achten, weil man sich ja nicht von der Stelle bewegt! Dazu gibt es einen Trainer, der einen motiviert, was
eine großartige Sache ist. Wer nun sagt, so ein Standfahrrad ist ja
gar kein richtiges Fahrrad, eben weil es nicht *fährt*, hat natürlich
recht. Wer lieber richtig fahren möchte und mit dem Fahrrad
Sport treiben will, kann sich etwas aus einer breiten Palette von
Radsportarten aussuchen:

Radrennen

Organisierte Radrennen kann man auf der Straße machen oder
auf unbefestigten Wegen mit Mountainbikes. Oder, und das ist
eine recht lustige Unterart: querfeldein, das nennt sich dann Cy-

clocross oder Rad-Cross. Wenn Sie voll ausgerüstete Radrenn-
fahrer ihre Räder auf dem Rücken einen schlammigen Berg hi-
nauftragen sehen: das ist Rad-Cross.

RTF – Radtourenfahren

Bei organisierten Radtourenfahrten kann jeder mitfahren, zur
Auswahl stehen Touren von 41 bis 170 Kilometer Länge. Wer
mal mit möchte, findet unter www.breitensport.rad-net.de einen
Kalender mit Terminen. Obwohl es sich um eine Amateurveran-
staltung handelt, kommen Sie sich unter Umständen mit Ihrem
Rad mit Dreigangschaltung etwas verloren vor, denn die Teilnehmer sehen aus wie Profis. Begegnen Ihnen im öffentlichen Straßenverkehr größere Rudel von behelmten Radrennfahrern, ohne
dass die Straße gesperrt ist: das sind Teilnehmer einer Radtour.

Bahnradfahren

Fahrradfahren auf einer Rennbahn – sieht auch toll aus! Vor
allem, wenn ein Team aus vier Fahrern so ganz dicht hintereinander fährt, Reifen an Reifen, und sich sehr in die Kurve legt.
Da denkt man sich doch immer: *Mensch, wenn es den Ersten auf die
Schnauze haut …*

Trial

Trial ist Geschicklichkeitsfahren. Das sind die, bei denen man den
Eindruck hat, das Rad wäre ein Teil ihres Körpers, als wäre es
angewachsen. Sie springen und hüpfen über, auf und von allem,
was ihnen in den Weg kommt. Ein ganz hervorragendes Video
davon gibt es bei YouTube, es heißt: Danny MacAskill – »Way
Back Home«, in dem besagter Danny auf Telefonzellen, über
Häuserschluchten und von Brücken springt. Und von allem an-

deren auch. Das ist auch für Leute, die das Thema Fahrrad völlig uninteressant finden, faszinierend.

Mountainbike-Orienteering

Auch MBO, MTBO oder Bike-O genannt. Die Radler müssen nämlich möglichst schnell mithilfe einer Orientierungskarte und ihres Mountainbikes verschiedene Kontrollposten in unbekanntem Waldgebiet abfahren. Welche Strecke sie dafür einschlagen, bleibt ihnen überlassen. Die Teilnehmer sind gut an großen Falt-Karten und einem fragenden Blick zu erkennen.

Kunstradfahren

Ein bisschen eigenartig, oder? Verstehen Sie mich nicht falsch, das sieht irrsinnig beeindruckend aus, wenn ein Mensch auf einem fahrenden Rad balanciert (und das dabei nicht umfällt!). Selbst als Laie kann man den Schwierigkeitsgrad leicht erkennen. Kunstradfahren ist tatsächlich Leistungssport, Wikipedia weiß: »Ein ehemaliger Bundestrainer bezeichnete Kunstradfahren einmal als ›vollendetste Version des Geräteturnens‹.« Eine ernste Sache. Wettkämpfe, Kürmusik, Wertungsrichter, alles da. Gerade diese Mischung aus strengen Vorgaben und großer Ernsthaftigkeit gemischt mit Leuten, die auf Fahrrädern turnen, das hat so etwas Monty-Python-Artiges, finden Sie nicht? Wahrscheinlich, weil das Fahrrad auch ein Gegenstand des täglichen Gebrauchs ist – das ist doch gerade so, als würden die Kugelstoßer Fernseher werfen oder die Staffelläufer sich Gurkenhobel in die Hand geben.

Radball

Genau: Fußball auf Rädern. Meistens zwei Mannschaften mit je zwei Spielern, geschossen wird mit den Rädern.

Radpolo

Rad statt Pferd. Gibt's echt.

Außerdem gibt es natürlich noch Radmarathon, BMX sowie irgendwelche Sportarten auf Rädern, die mir jetzt nicht einfallen und deren begeisterte Anhänger mir bitte nicht erbost schreiben möchten.

Ich gehe zum Spinning. Mein Fitnessstudio (*mein Fitnessstudio!*) nennt das *Energy Cycling.* Es gibt verschiedene Schwierigkeitsgrade: *E, M* und *F.* Das ist so wie beim Shoppen: *S, M* und *L.* Ich nehme aus alter Gewohnheit *M.* Schließlich ist alles andere an mir auch mittel und außerdem fahre ich seit über 30 Jahren ohne Stützräder.

Standfahrräder nehmen relativ wenig Platz weg. Weniger als, sagen wir, zum Beispiel ein Auto, daher kann man viele Räder auf wenig Raum unterbringen. In diesem Fall: 25 Räder auf 30 Quadratmetern. Das geht! Zwei Reihen Räder stehen in Form eines U um ein Rad nebst Musikanlage herum, da sitzt der Vorturner, die Wand hinter ihm ist verspiegelt. Als ich kurz vor knapp den Raum betrete, ist noch genau ein Rad frei, auf den restlichen Rädern sitzen: schon wieder hauptsächlich Frauen! Lediglich fünf Männer kann ich entdecken. Also, meine Herren: Wer mal gerne eine Frau kennenlernen möchte, kann sich die Gebühren für ElitePartner.de oder wo ihr euch sonst so herumtreibt sparen. Einfach irgendeinen Kurs in einem Fitnessstudio besuchen. Dann weiß man sogar schon vor dem ersten Date, wie diejenige verschwitzt aussieht.

Der Rad-Vorturner unterscheidet sich von allen Trainern, die ich bis jetzt gesehen habe, schon allein durch sein modisch-originelles Ensemble: Er trägt ein hautenges Kurzarm-Radsport-Trikot mit

Reißverschluss und dazu eine passende, knallenge Radlerhose, beides im frechen Piraten-Print mit Totenköpfen und gekreuzten Knochen. Dort, wo die Kleidung aufhört, quillt gebräunte und gut rasierte Muskelmasse heraus. Das mit dem Rasieren und den Radfahrern ist ja auch so eine Sache: Warum machen die das? Also all jene, die nicht an Hundertstelsekunden feilen, um mittels der Aerodynamik doch noch die Tour de France zu gewinnen. Angeblich hängt die hysterische Haarentfernung mit den Verletzungen zusammen, die sich Sportler so einhandeln: Die Haare klebten unter Pflastern und Verbänden fest … und bei Bein-Massagen durch die Betreuer störten sie auch. Aber im Ernst: Die Mehrheit der Jungs auf unseren Straßen ist nicht auf der Tour de France. Mein Schwiegervater zum Beispiel. Der setzt sich gerne im Radler-Outfit aufs Rennrad und radelt mit Kollegen um die Wette – größere Verletzungen hat er bis jetzt noch nie davongetragen. Und die einzige Betreuung, die ihm zur Verfügung steht, ist meine Schwiegermutter (und von der bekommt er höchstens den Müll mit runter, geschweige denn eine Bein-Massage). Ich vermute auch vielmehr, dass das Gros der Männer sich das bei den Sport-Assen abgeguckt hat. Gleichzeitig schreitet der Trend der Körperenthaarung unaufhaltsam vorwärts und schon erwischt man seinen Liebsten, wie er ein Bein auf den Badewannenrand stellt und sich den Beinhaar-Rasierer der Liebsten ausleiht. Aber warum eigentlich nicht? Auch die Freuden eines Epiliergerätes sollten nicht den Frauen alleine überlassen werden.

Der Vorturner zumindest ist an Armen und Beinen glatt wie ein Babypopo. Um seinen Kopf beugt sich ein Bügel und endet in einem kleinen Mikrofon vor seinem Mund. »Los geht's!«, höre ich ihn auch schon über die Lautsprecher. Falls sich jemand wundert, warum man in 30 Quadratmetern ein Mikrofon braucht: Aus der Anlage neben dem Vorturner kommt laute, rhythmuslastige Musik. Ich schwinge mich auf mein Rad und schlupfe mit den dicken

Tennisschuhen von Anne in die Schlaufen, die an den Pedalen angebracht sind. »Erst mal geht es langsam geradeaus«, sagt der Chef-Radler – und es geht natürlich überhaupt nicht geradeaus, wir bleiben schön auf der Stelle. Links neben mir (15 Zentimeter trennen uns) radelt ein junges Huhn mit Schweißbändern an den Handgelenken und auf der Stirn – diese Retro-Mode macht wirklich vor gar nichts halt. »Und ein bisschen schneller …«, tönt es aus den Lautsprechern, die Musik wird schneller, ich trete in die Pedale. »Jetzt einen leichten Berg hoch«, verkündet er fröhlich durch die Lautsprecher, was mich ein bisschen verunsichert, wir stehen nämlich immer noch auf der Stelle und die Abwesenheit von Rädern an unseren Rädern lässt mich zweifeln, ob ich daran etwas ändern kann. Ich spitze zu meiner Nachbarin: Die dreht an einem schwarzen Knopf unterhalb ihres Lenkers. Eine Gangschaltung! Halleluja! Wir radeln in Intervallen schneller und langsamer und wegen mir wären wir jetzt auch bald fertig. Ich schaue zur Uhr an der Wand und es sind erst 10 von 60 Minuten um.

»So, jetzt sind wir allmählich warm«, höre ich den Super-Radler, und schon dreht er wieder an dem schwarzen Knopf seines Rads: »Dann fahren wir jetzt mal den Berg hoch.« Ich linse zu dem Huhn neben mir und mache es ihr nach: Knopf einmal ganz nach rechts drehen. Die Pedale treten sich plötzlich wie Blei. So muss es sein, wenn man unter Wasser radelt. Wäre dies kein Standfahrrad, würde ich jetzt absteigen und schieben. Mein mühseliges Treten ist nicht mehr im Takt der Musik – noch fast eine Stunde, wie soll ich das nur durchhalten? Neben Jan Ulrich radelte wenigstens immer einer her, der ihn anschrie: »Quäl dich, du Sau!« Das hat zumindest L. erzählt.

Hey, ich bin schließlich zum ersten Mal dabei, entschuldige ich mich vor mir selbst und drehe möglichst unauffällig den Knopf wieder ein Stück zurück. Herrlich. Wie schön es ist, wenn irgendetwas total Nerviges oder Schmerzhaftes aufhört. Ich drehe vor Begeisterung gleich noch ein Stück zurück und radle fast ohne jeden Widerstand. So geht es einigermaßen. Bis unser Vorturner mit einem breiten Lächeln tönt: »Das letzte Stück schaffen wir im Stehen!«, und schon heben alle den Hintern, stützen sich auf den Lenker und fahren im Stehen weiter. Für die ist das eine Erleichterung, sie können sich jetzt mithilfe ihres Körpergewichts in die Pedale stemmen. Ich hingegen stütze mich zwar auch auf den Lenker und hebe den Hintern, aber da ich keinen Widerstand zu bezwingen habe, darf ich mich nicht in die Pedale stemmen, sonst trete ich fast ins Leere. Es ähnelt eher dem Wassertreten, was ich da veranstalte, nur dass man im Wasser das eigene Körpergewicht nicht halten muss. Endlich setzen wir uns wieder auf die (sehr schmalen, sehr harten) Sättel und drehen den Knopf auf »geradeausfahren«. Ein Blick zur Uhr: 20 von 60 Minuten sind um. Das ist ja Wahnsinn. Ich schwitze schon wie in der Sauna. Das erklärt auch, warum die anderen alle Handtücher dabeihaben: Die wollten gar nicht ihr Fahrrad reservieren, die wussten einfach, dass sie sonst davonschwimmen. Wir fahren jetzt »freihändig« und dehnen den Oberkörper, leider wird aber gleichzeitig weitergeradelt.

Eckart von Hirschhausen beruhigt in einer seiner Shows diejenigen unter uns, die mit ihren Beinen unzufrieden sind, indem er sagt, unsere Beine wären vollkommen in Ordnung, solange beide bis zum Boden reichen. Das stimmt aber nicht. Meine Beine sind definitiv nicht in Ordnung, ich muss das Cycling abbrechen. Nach noch nicht mal der Hälfte der Zeit! Vielleicht war der *M*, also der Mittel-Kurs, doch nicht der richtige? Gibt es auch einen *L* wie Luschen-Kurs? Ich steige ab und lege fast noch einen spektakulären Sturz hin, weil man aus diesen doofen Schlaufen gar nicht so leicht rauskommt. »SCHON?«, fragt mich der Vorradler über Lautsprecher und alle gucken, natürlich. Lächelnd taste ich mich rückwärts und lasse mich draußen auf den Stufen der Treppe nieder. Ich verstehe das nicht – ich meine, ich verstehe perfekt, dass ich abbrechen muss, was ich nicht verstehe, ist, wie die da drinnen noch 40 Minuten weitermachen können. Was haben die in den Oberschenkeln? Schlaghämmer? Durch die Türe höre ich die Musik und beschließe: Ich bleibe hier sitzen, bis die Stunde rum ist. Die will ich sehen, wenn sie rauskommen. Die müssten eigentlich auf ihrer eigenen Schweißspur ausrutschen.

Je näher das Ende der Cycling-Stunde rückt, desto öfter höre ich hinter der Türe Sätze wie: »Kommt schon!«, »Geht schon noch!« und »Schiebt an! Nur noch 5 Sekunden!« Und dann ist es vorbei. Die Musik hört auf und die Türe öffnet sich. *Eigentlich sollte ich applaudieren*, denke ich, als die Radlerinnen rotgesichtig und klatschnass aus der Türe quellen. Hier müsste eine Menschenmenge mit mir auf den Stufen stehen und La Ola machen.

Als die Letzten, müde ihr Handtuch hinter sich herziehend, um die Ecke verschwinden, schlüpfe ich noch mal hinein. Ich muss den Vorturner fragen, ob es am Anfang normal ist, nach 20 Minuten abzubrechen. In dem kleinen Raum riecht es – nicht mehr gut. Als ich reinkomme, pfriemelt der Piraten-Radler an der Anlage herum. Er hebt den Kopf und lächelt mich freundlich an: »Na? War's ein bisschen zu viel für den Anfang?« *Ein bisschen ist gut*, denke ich. Ich werde aber beruhigt: Wer noch nie Ausdauertraining gemacht hat, darf nach 20 Minuten abbrechen – oder ist so schlau, erst mal in die Einsteigerklasse (Luschen-Klasse) zu gehen. »Wichtig ist es, die eigene Komfortzone zu verlassen«, sagt er, »zumindest wenn man etwas erreichen will.«

Wenn man schon einen Profi vor der Nase hat, dann soll man das auch ausnutzen: »Kennst du Bodystreet?«, hake ich nach. Kennt er natürlich: »Ich habe das mal gemacht, als ich mir die

Kreuzbänder gerissen habe, also zur Unterstützung während der Reha, das war ganz gut.« Die Knie von Sportlern leben wild und gefährlich. Während er redet, staune ich heimlich über die vielen gerundeten Muskeln an dem Mann. »Machst du noch was anderes außer Spinning?«, frage ich ihn. »Ja, ich mache natürlich noch Krafttraining, Hot Iron.« Ich nicke wissend mit dem Kopf und versuche mir Hot Iron zu merken, das muss ich nachher unbedingt nachschauen. Und dann sagt dieser circa 190 Zentimeter große Mann mit der Statur von Conan, dem Barbaren, in seinem Piraten-Radler-Outfit, etwas leiser:

»Außerdem gebe ich Aerobic-Kurse.«

Wie funktioniert es?

Durch abwechselnde schnelle und langsame Intervalle wird die Ausdauer und somit das Herz-Kreislauf-System gestärkt. Wer einmal die Woche trainiert, kann seine Ausdauer schon deutlich verbessern. Durch die unterschiedlichen Widerstände und die unterschiedlichen Übungen werden insbesondere die Bein- und die Armmuskulatur gekräftigt. Der Kalorienverbrauch einer Cycling-Einheit liegt bei Frauen circa bei 550 bis 800 Kilokalorien pro Stunde, bei Männern kann es noch etwas mehr sein. Einsteiger sollten mit einem Pulsmesser trainieren.

Falls Sie lieber ohne Vorturner cyceln, sollten Sie einige Dinge beachten:

- Fußposition: Fußballen auf Pedalachse
- Sattelhöhe: Das Bein sollte auch am tiefsten Punkt nie ganz durchgestreckt sein.
- Abstand Sattel zum Lenker: Die Neigung des Rumpfes sollte 45 bis 60 Grad betragen.

- Ellenbogen: werden leicht gebeugt
- Nacken und Schultern: sind locker
- Hände: Daumen am Lenker, Finger entspannt, Griff eng oder schulterbreit
- Der Rücken: grundsätzlich gerade halten – keinen Buckel machen!

Die Lenkerhöhe ist Geschmackssache: Profis fahren oft mit tieferer Position, während Teilnehmer mit Rückenproblemen den Lenker gern auf beziehungsweise über Sattelniveau einstellen.[20]

Was kostet es?

Die meisten Fitnessstudios haben Indoor Cycling im Kursangebot, das ist in der Regel im Monatsbeitrag inbegriffen. Vereine bieten Spinning oft wesentlich günstiger an. Ist das Fitnessstudio ein anerkanntes Reha-Fitnessstudio, wird Cycling bezuschusst. »Normale« Studios sind von der Förderung ausgeschlossen.

Wer das Spinning regelmäßig betreiben will, kommt außerdem um Radlerschuhe nicht herum (ab circa 120 Euro), eine Pulsuhr macht auch Sinn (Billigfabrikate ab 30 Euro). Eine Radlerhose brauchen Sie nicht. Niemand sollte so etwas anziehen. Wer sich ein eigenes Spinning-Rad kaufen möchte, ist für ein gutes, Neues mit circa 1000 Euro dabei – man bekommt nur die Trainings-Stimmung zu Hause nicht ganz so gut hin.

Aufwand

Das Fitnessstudio halt wieder. Und man kann seine Sportklamotten nie, nie, nie zweimal anziehen.

---

20 Das wusste: www.fitforfun.de

Für wen?

Durch den Knopf, der den Widerstand regelt, kann man die Intensität des Trainings individuell einstellen. Einsteiger sollten sich vor dem ersten Mal das Bike-Set-up und die richtige Körperhaltung erklären lassen, denn fehlerhafte Technik, zum Beispiel ein zu hoher Sattel oder eine zu niedrige Umdrehungszahl (unter 60 pro Minute), kann langfristig zu Knieproblemen führen. Nicht geeignet ist Spinning für Menschen mit Herz- und Kreislaufproblemen.

Wer macht denn so was?

Frauen. Zumindest beim Gruppentraining. Männer geben den einsamen Wolf und hocken eher alleine auf den Rädern.

Vorteile

- Ein Motivierer und Vorturner, das hilft enorm.
- Gleich bleibende, sich wiederholende Bewegung zum Rhythmus von Musik, das hat etwas tranceartiges, das einem recht schön das Hirn vernebelt.
- Man wird völlig ausgepowert.
- Es entsteht ein gewisses Gruppengefühl – dadurch, dass man die Stunde gemeinsam »bezwingt« (wahrscheinlich ist es ein bisschen so wie das Stockholm-Syndrom).
- Obwohl man in der Gruppe fährt, kann man die eigene Leistungsfähigkeit testen.

Nachteile

- Es ist sauanstrengend und man schwitzt wie ein Schwein.

NORDIC WALKING

Das ist ja schon peinlich, es hinzuschreiben. Ich kann mich außerdem erinnern, in einem früheren Buch einen wirklich hämischen Beitrag zu diesem Thema verfasst zu haben:

Nordic Walking:
»Über allen Gipfeln ist Ruh.
In allen Wipfeln spürest du
kaum einen Hauch. Klick. Klack. Klick. Klack. Klick. Klack.«[21]

Das bringt meine Haltung Nordic Walking gegenüber ziemlich auf den Punkt und ich bin damit nicht alleine: Es gibt wohl kaum eine Sportart, der so viel unverblümter Hass entgegenschlägt. Da können Sie Hahnenkämpfe ausrichten und genießen immer noch mehr Sympathien, als wenn Sie mit Stöcken durch den Park laufen.

Im Grunde genommen ist es durchaus naheliegend, Nordic Walking auszuprobieren, denn spazieren gehen finde ich absolut großartig. Wenn man das durch ein bisschen Aufmotzen als Sport durchgehen lassen kann – perfekt! Um mich nicht alleine mit zwei Stöcken im Park auslachen zu lassen, besuche ich einen Kurs, da können wir uns zumindest gemeinsam gegen Angreifer verteidigen. Ich werde auch schnell fündig und buche einen Kurs

---

21   Aus: *iDoof, youDoof, wiiDoof,* ISBN: 978-3-54837-400-0, Ullstein Taschenbuch

beim größten Anbieter in Deutschland: beim Nordic Outdoor Center München, www.nordic-fitness-muenchen.de

20 Trainer bieten dort Skilanglauf, Schneeschuhwandern, Nordic Inlineskating, Skijak, Nordic Rafting und eben auch Nordic Walking an. Es gibt Basiskurse, Aufbaukurse, Kompaktkurse, Personal Training und einen regelmäßigen Treff – ich fange an mit einem Tagesseminar. Es dauert sieben Stunden.

»Bist du irre?« Jana sieht mich fassungslos an. »Du willst sieben Stunden lang lernen, wie man mit Stöcken spazieren geht? Was machst du als Nächstes? Einen Kurs, wie man sich korrekt auf die Kloschüssel setzt?«

»Gibt es das?«, frage ich überrascht, und Jana legt den Kopf in die Hände. »Oh Mann, Alex!«

Wie gesagt, sie ist meinem Projekt gegenüber nicht ausschließlich positiv gesonnen.

An einem strahlenden Sonntagmorgen fahre ich mit dem Bus zu einer Sportanlage am Münchner Stadtrand. Sie grenzt an den Englischen Garten und es gibt dort Tennisplätze, eine Reitschule, ein Fitnessstudio, ein Restaurant und: einen Treffpunkt für Nordic Walker. Außer mir sind noch vier Leute da:

- Gerhard, ein älterer Herr mit neuer Hüfte, der Arzt ist und den leicht angestaubten Charme eines Lateinlehrers versprüht,
- seine Tochter Nina, 19, die hierzu bestimmt verdonnert worden ist und versucht, so desinteressiert wie möglich auszusehen,
- Sabine, eine 41-jährige Medizinjournalistin mit einem breiten Lächeln und fröhlichem Blick, und

- Martina, 43, eine Sachbearbeiterin, die mit den Folgen eines Bandscheibenvorfalls kämpft.

Und natürlich unser Trainer: Tino Kirst. Tino ist Mitte 30, gut aussehend, mit sanftem Blick und einer Frisur, die leicht an Prinz Eisenherz erinnert. »Hallo!«, sage ich und denke: *Ob er die Innenrolle föhnt?*

Tino verteilt erst mal Stöcke an alle, nur Sabine hat ihre eigenen mitgebracht. (Wer sich welche kaufen möchte, Tipp vom Tino: Die Befestigung der Handschlaufe sollte auf der Höhe des Bauchnabels sein. Die Stocklänge vom Boden bis dorthin ist übrigens auch die Schrittlänge, die Sie machen sollten.)

Das Einsetzen von Stöcken bei Sportarten ist mir tendenziell unrecht. Ich kenne das nur vom Skifahren, wobei Skifahren in meinem Fall meint, im Pflug vornübergebeugt im Schuss den Berg runterzurasen und mit den Händen die Mütze festzuhalten, die Stöcke baumeln dabei lustig um den Kopf herum.

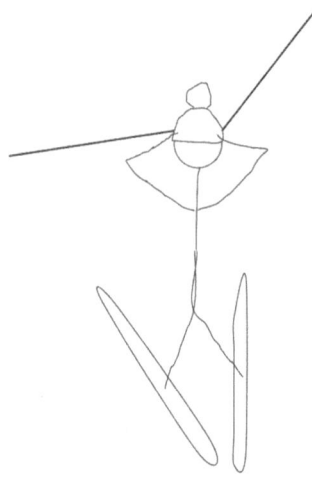

Direkt hinter dem Gelände führt ein Weg in den lichten Wald. Die Vögel zwitschern und wir gehen los, wobei wir laut Tino auf Folgendes achten sollen:

Diagonal gehen: Wenn das rechte Bein nach vorne schreitet, soll der linke Arm (mit Stock) nach vorne gehen und umgekehrt. Klingt einfach? Pustekuchen. Es wäre einfach, wenn man sich nicht permanent mit den Stöcken verzetteln würde. »Konzentriert euch am Anfang nur auf *ein* Bein und den diagonalen Arm, das ist leichter«, sagt Tino. Gleichzeitig sollen wir, während wir den Stock nach hinten schieben, die Hand öffnen, den Stock also loslassen (daher die Schlaufen). Beim Vorschwingen des Armes wird der Stock dann wieder gegriffen:

- Stock einstecken plus diagonaler Schritt,
- Stock loslassen,
- sich nach vorne schieben,
- Stock greifen,
- von vorne.

Glauben Sie es oder nicht: Es ist sauschwer. Alleine die Überwindung, diese Stöcke loszulassen, fordert meine ganze Konzentration. Meine Kollegen machen auch keine bessere Figur und die überspannte Nina flucht selbstvergessen vor sich hin.

»Dass man die Stöcke loslassen soll, habe ich in einem Buch nachgelesen«, sagt Sabine, »aber ich habe das falsch verstanden und die dann hinter mir hergezogen«, lacht sie. Das hat sich dann wahrscheinlich so angehört:

Klick Cccchhhhrrrrr… *Klack* Cccchhhhrrrrr… *Klick* Cccchhhhrrrrr… *Klack* Cccchhhhrrrrr… *Klick* Cccchhhhrrrrr…

Ich lache mit ihr und schon machen Stöcke, Hände und Beine schon wieder, was sie wollen, es ist zum Verzweifeln. »Versuch die Schultern zurückzunehmen«, sagt Tino, während er neben mir läuft, »dann ist deine Haltung aufrechter, und bringe deinen Arm weit und lang nach hinten.« Der hat leicht reden, was soll ich denn noch machen, gleichzeitig »La Paloma« singen?

Nach einiger Zeit lernt der Körper allmählich den Bewegungsablauf. Ich weiß, wo ich den Stock aufsetzen muss, um mich nicht total zu verheddern und ihn in Einklang mit meiner Schrittlänge zu bringen. Wir walken an der Isar entlang, durch das Herbstlaub der Bäume fallen die Sonnenstrahlen wie Gottesfinger auf die Wege. Über eine Wiese tollen ein paar Hunde und es riecht nach Wald und Pilzen. Der Atem geht schneller und ich pumpe die frische Luft in meine Lungen. *Viel besser als mit einem Kaffee und dem Laptop im Bett zu liegen*, denke ich – und das denke ich wirklich selten.

»Muss man sich nicht aufwärmen, bevor man loslegt?«, wundert sich Gerhard, aber Tino schüttelt mit dem Kopf: »Wenn du zum Bäcker gehst, wärmst du dich doch auch nicht auf, oder?« Während unseren kümmerlichen Versuchen begegnen wir immer wieder anderen Nordic Walkern, die mit Sicherheit keinen Kurs absolviert haben: Die gehen spazieren und staken dabei immer mal wieder mit ihren Stöcken vor sich in den Boden. »Die machen das aber total falsch, oder?«, frage ich Tino Eisenherz. »Technisch gesehen ja«, sagt Tino, »aber zumindest bewegen sie sich an der frischen Luft, das ist ja auch schon was.« Ich nicke verständnisvoll und komme mir schön überlegen vor.

Ohne dass ich es bemerkt habe, sind wir wieder auf dem Weg zurück zu der Sportanlage, zum Mittagessen. Das Restaurant dort hat einen Biergarten. Wir lehnen unsere Stöcke in eine Ecke und setzen uns um einen Holztisch unter die Kastanie, alle sind bester Laune, sogar die störrische Nina lächelt vorsichtig. *Rahm-Ragout mit Spätzle* lese ich in der Speisekarte und mir läuft das Wasser im Mund zusammen. (Als aber alle vor mir Salat mit Putenstreifen bestellen, nehme ich das auch, ich alter Mitläufer.)

Von unserer Terrasse aus sehen wir das Fitnessstudio der Anlage. Wenn man gegen die Sonne blinzelt, sieht man hinter den Fenstern die Leute auf Laufbändern joggen oder Rad fahren. »Absurd«, sagt Tino und schüttelt den Kopf.

»Warum hat das Walken eigentlich so ein schlechtes Image?«, fragt Martina, und Tino antwortet trocken: »Es sieht bescheuert aus und es klackert.«

»Nein, im Ernst«, erklärt Tino in das Gelächter, »die Leute kaufen sich ja oft einfach Stöcke und laufen los. Nordic Walken ist aber nicht nur Gehen mit Stöcken. Für alles nimmt man Unterricht, ob fürs Tennisspielen oder Golfen, aber für Nordic Walken nicht. Das sehen dann wiederum andere Menschen im Park und sagen sich: Also für *so* was brauche ich keinen Kurs!« Während wir die Hähnchenstreifen kauen, zeigt uns Tino Illustrationen aus einem Buch und erklärt uns die Technik theoretisch. (Unsere Technik heißt ALFA-Technik, von *A*ufrechte Haltung, *L*anger Arm, *F*lacher Stock und *A*ngepasste Schrittlänge.) Jetzt noch einen Kaffee und dann wäre ich zufrieden, aber es geht wieder los. Als ich meine Stöcke zur Hand nehme, suche ich automatisch nach den zugehörigen Skiern. Zufrieden und eine Spur langsamer geht es wieder in den Stadtwald des Englischen Gartens und unser Prinz Eisenherz führt uns Möchtegern-Walker auf einen einsamen Schotterweg, wo wir uns um ihn scharen.

»Eine gute Haltung ist wichtig,« sagt Tino. »Ratet mal, wie viel allein euer Kopf wiegt.« Ratloses Schweigen. *In manchen Fällen nicht mehr als Luft*, denke ich, nur Gerhard, der Arzt, hat eine ungefähre Idee: »Mindestens 4 Kilo,« glaubt er. »Zwischen 5 und 7 Kilo«, klärt uns Tino auf, »und die müsst ihr den ganzen Tag mit euch herumtragen.«

(Und ich glaube doch, dass manche leichter sind.)

Wir üben also Haltung, Haltung, Haltung: Einer walkt dahin, neben ihm geht ein Kollege und hält den Stock an den Rücken: Po, Wirbelsäule und Hinterkopf müssen den Stock berühren. Das ist ein bisschen wie im Reitunterricht früher, da hieß es: *Stellt euch vor, ihr habt einen Besen hinten in der Jacke stecken*, die Position kann ich noch in- und auswendig.

Wir laufen weiter durch den Englischen Garten, eine der größten Parkanlagen der Welt. Es ist Sonntag und wahrscheinlich einer der letzten schönen Tage, bevor es Winter wird. Geschätzte 2 Millionen Menschen sind unterwegs, Radfahrer und Jogger, Familien mit Kindern und Klumpen von Hundehaltern, die ihren Hunden beim Toben zusehen. Und uns. Irgendwie hoffe ich klammheimlich, es möge mir bitte niemand über den Weg laufen, den ich kenne. Als hätte er meine Gedanken gelesen, verkündet Tino Eisenherz:

»So, und jetzt«, strahlt er uns an, »jetzt machen wir uns *richtig* lächerlich.«

Wir machen uns tatsächlich *richtig* lächerlich. Tino lässt uns abwechselnd wie Charly Chaplin gehen und über den großen Onkel, mit X- und mit O-Beinen laufen. Die Leute gucken zwar sowieso Nordic Walkern leicht belustigt hinterher, aber eine

Gruppe Nordic Walker, die im Gänsemarsch wie Charly Chaplin läuft, schlägt alles. »Für was ist das noch mal gut?«, fragt Sabine.

»Das macht Fehlhaltungen spürbar, es dient zur Sensibilisierung der richtigen Abrollbewegung des Fußes, der Koordination – und natürlich zur Erheiterung des Kursleiters«, grinst Tino. Ein Schelm, unser Prinz.

»Jetzt lernen wir, wie man richtig geht«, sagt Tino etwas später, und ich muss an Jana und ihren Kloschüssel-Kurs denken. »Die meisten gehen falsch«, erklärt Tino, und ich sehe zu meinen Füßen – beide da.

»Ihr müsst richtig abrollen«, sagt der Prinz, und die Haare fallen ihm ins Gesicht, weil er wie alle auf unsere Füße sieht, »und zwar von der Ferse über den Außenrand eures Mittelfußes bis zum großen Zehen. Stellt euch vor, ihr presst eine halbe Zitrone aus, die unter eurem Fuß liegt.« Ich gehe ein paar Schritte Zitronen quetschen. Das ist anders als sonst. »Richtig gehen ist eine Technik«, sagt Tino. »Gerade bei Joggern erkennt man das ganz gut, da sieht man oft schon von Weitem: Der dort bekommt mal Probleme mit dem Rücken, dieser mit den Knien, und die Hüfte von dem dort drüben macht es bestimmt nicht mehr lange. Da ziehen die Leute eben auch nur die Schuhe an und rennen los, sogar wenn sie sich mit Pulsmesser und den neuesten Laufschuhen ausstatten – in eine Laufschule gehen die wenigsten.« Richtig laufen – wieso bekommt man so etwas nicht in der Schule beigebracht? Sagen wir statt dem Schwänzeltanz der Honigbienen?

Wir walken über die Wiesen und ich konzentriere mich abwechselnd auf alle Dinge, die ich heute gelernt habe:

- rechten Stock mit linker Ferse aufsetzen und umgekehrt,
- Stock nicht vor mich absetzen, sondern in einer Linie mit der Körperachse (ja, natürlich mit der Vertikalen, wie sind Sie denn drauf?),
- Stock loslassen und wieder greifen,
- den Arm lang nach hinten bringen,
- aufrechte Haltung,
- Zitrone ausdrücken.

Und dann wieder von vorne. Am Ende gelingen mir von zehn Schritten vielleicht drei, an denen es nicht übermäßig etwas auszusetzen gibt. Es ist ein bisschen wie beim Langlauf, wenn es erst mal ein bisschen flutscht, macht es tatsächlich Spaß. Nicht ganz so viel wie Langlauf, weil das Gleiten auf dem Schnee fehlt, aber sonst: Schlagt und verhöhnt mich und vielleicht liegt es am tollen Wetter, am Sonntag, am Englischen Garten oder an Prinz Eisenherz, aber: Ich habe richtig Spaß.

Wir nähern uns am Nachmittag wieder der Sportanlage, diesmal von der anderen Seite. Die saftigen, grünen Wiesen dahinter sind aufgeteilt in große Koppeln, die Pferde der Reitanlage grasen hier. Zwei junge Braune jagen sich im Galopp und als wir vorbeigehen, hebt ein wunderschöner Rappe mit voller Mähne den Kopf und wiehert uns zu. Was für wunderschöne Tiere das sind. Ich mag mich nicht recht losreißen und stehe noch am Zaun, als die anderen schon um die Ecke gebogen sind, es ist zu schön.

Am Parkplatz geben wir Tino seine Stöcke zurück, es wird fröhlich geplaudert. »Sollte man sich danach dehnen?«, fragt Martina, und Tino schnalzt mit der Zunge. »Nein. Beim Dehnen wird der Muskel gequetscht und so die Blutgefäße platt gedrückt. Entweder nicht direkt nach dem Sport dehnen oder anschließend nur lockern, auslaufen, schwingen oder kurz dynamisch dehnen.«

Mir brennt auch noch eine Frage auf der Zunge:

»Ist es dir eigentlich manchmal peinlich, das Walken?«, frage ich Tino. »Ich meine, wenn wir nicht gerade als Charly Chaplins hinter dir her laufen, sondern allgemein?« Tino legt den Kopf schief.

»Nein«, sagt er.

Aber er ist eben auch Prinz Eisenherz.

Wie funktioniert es?

Nordic Walken ist ein Ausdauersport. Es ist nicht nur ein Spazierengehen an der frischen Luft, wer es korrekt betreibt, nimmt mehr Sauerstoff auf als beim »normalen« Gehen, hat einen erhöhten Kalorienverbrauch sowie eine erhöhte Herzfrequenz – obwohl es nur geringfügig anstrengender ist.

Eine Studie zur Prävention durch Nordic Walking hat außerdem Folgendes herausgefunden:

»Eine Untersuchung an zehn Probanden konnte zeigen, dass bei gleicher Geschwindigkeit von 7,7 Kilometern in der Stunde beim Joggen rund 14 Prozent weniger Energie verbraucht wird als beim Nordic Walking mit guter Stocktechnik, während die Kniegelenkmomente beim Joggen um bis zu 40 Prozent höher ausfallen. Angesichts der gegenüber Jogging reduzierten Gelenkbelastungen kann Nordic Walking demnach bei überlastungsbedingten Beschwerden des Bewegungsapparates durchaus eine Alternative zum Joggen darstellen.« (Schwameder & Ring, 2006)[22]

---

22 www.bad-sassendorf.de/kliniklindenplatzaktuellespraeventiondurchnordicwalking.html

Was kostet es?

Mein Tagesseminar bei Tino hat 50 Euro gekostet, für alle anderen Arten von Kursen können Sie selbst gucken: www.nordic-fitness-muenchen.de

Eine einmalige Anschaffung sind die Stöcke (die sollten nicht unter 40 Euro kosten, es sei denn, sie sind heruntergesetzt) und Laufschuhe. Der Park ist dafür gratis.

Aufwand

Wenn man es mal kann: gering, zumindest wenn Sie es nicht allzu weit ins Grüne haben.

Für wen?

Nordic Walking ist für alle gut: Auch für Menschen mit Gelenkproblemen (Jogger), Schlaganfall, Osteoporose oder neuer Hüfte. Es ist gut als Ausgleichstraining für Wintersportler, für Alte und für Junge, zumindest für diejenigen, die mehr »Draußis« als »Drinnis« sind.

Wer macht denn so was?

Fast nur Frauen, Männer machen nur circa 10 Prozent aus. Als Tino mit dem Unterrichten vor sieben Jahren anfing, waren die meisten Ende 40, Anfang 50, inzwischen ist der Altersdurchschnitt gesunken und es kommen immer mehr junge Frauen.

Vorteile

- Draußen
- Nicht übermäßig anstrengend
- Geringer Aufwand

Nachteile

- Man wird für einen Vollspasten gehalten.

AQUA-FITNESS

Sport und Wasser passen gut zusammen, finde ich. Alleine schon deswegen, weil die verschwitzten Sportklamotten wegfallen. Im Wasser hat man Spaß und die ungewohnte Leichtigkeit im Wasser wirkt sich irgendwie auf das Hirn aus – ich werde automatisch heiter statt wolkig. Vielleicht liegt das auch daran, dass einen das Strampeln im Wasser in die Kindheit zurückkatapultiert: Was für einen Spaß hatten wir nicht alle im Wasser? Mit den Wellen schwimmen, um die Wette tauchen, um einen Platz auf der Luftmatratze kämpfen und anschließend Pommes mit Ketchup in der Sonne und der Geruch von Kokos-Sonnenöl. Vor lauter Spaß merkte man nicht mal, dass man sich körperlich voll verausgabte. Wer in späteren Jahren das Surfen oder Kiten oder irgendeine Wassersportart angefangen hat, weiß: Das kann uns immer noch passieren. Man ist so beschäftigt damit, zum tausendsten Mal auf dieses Surfboard zu klettern, und die vier Sekunden, die man endlich auf dem Ding steht, sind so toll, dass einem die körperliche Anstrengung nichts ausmacht. Was man vom Muskelkater am Tag danach nicht behaupten kann …

Generell Sportarten, die mit Geschwindigkeit zu tun haben, fallen unter dieses Muster. Im Wasser wäre da noch das Wellenreiten, das Segeln, Wildwasser-fahren-Paddeln und vieles mehr. Auch beim Tauchen bemerkt man die Anstrengung kaum, statt von der Geschwindigkeit ist man von der magischen Unterwasserwelt abgelenkt. Ob man hingegen die Leute dazurechnen kann, die wie Schiffbrüchige auf riesigen Surfboards stehend durch die Gegend paddeln (Stand-up-Paddling, auch kurz SUP genannt) – ich glaube es nicht. Das sieht nicht nach einem Geschwindigkeitsrausch aus, was die da machen.

Ich habe in jüngeren Jahren mal Wasserski ausprobiert, auch eine von diesen super Fun-Sportarten. Es war auch toll, endete nur nicht so gut. Weniger wegen des Wasserskifahrens, das hat man relativ schnell raus und es macht auch riesig Spaß, sondern mehr wegen des Umstands, dass man als ungeübte Wasserskifahrerin in voller Fahrt durchaus mal die Beine zu sehr anwinkelt und dann das Hinterteil ins Wasser taucht. Woraufhin sich ein unangenehmer Zustand einstellt, der, hüstel, von dem Kubikliter Wasser rührt, der sich, einem Einlauf gleich, Platz im Körperinneren sucht. Das Ende der Geschichte war demütigend und ging auch für die weißen Ledersitze des Motorbootes nicht gut aus. Nur so viel: Mit Wasserskifahren bin ich durch.

All die lustigen Wassersportarten, bei denen uns Gischt und Wind und Action von der Knochenarbeit ablenken, die wir da leisten, haben mehrere Haken. Sie sind Sportarten für:

- draußen.
- Meere oder Seen. Oder zumindest Flüsse.
- Sommer.

Das sind für ein Großstadtkind ein paar Haken zu viel. Wer ambitioniert dabei ist, sagen wir mal beim Windsurfen, der hat dann auch einen Neoprenanzug und ein über 2 Meter langes Surfbrett mit Mastfuß, ein Rigg mit Gabelbaum und ein Segel aus Monofilm. Nicht zu vergessen einen Dachgepäckträger, um das ganze Zeug an eine Küste zu transportieren, wo man es ans

Ufer schleppen und zusammenbauen muss und sich mit der Frage herumschlägt: *Was mache ich solange mit den Autoschlüsseln?*

All das machen viele Leute. Freiwillig und gerne. Die fahren aus Leidenschaft für ihren Wassersport jedes lange Wochenende an den Gardasee und kreuzen auch bei schlechtem Wetter über den See hin und her. Ich beneide diese Leute ein bisschen, denn alles wäre viel einfacher, wenn ich diese Passion für irgendeinen Sport empfinden könnte: dann müsste ich mich nämlich nie mehr überwinden, etwas zu tun, sondern wäre glücklich, es machen zu können.

Wenn man nun die genannten Schwierigkeiten:

- draußen.
- Meere oder Seen. Oder zumindest Flüsse.
- Sommer.

vermeiden will und Sport im Wasser trotzdem eine prima Sache findet, kommt man zwangsläufig zum: genau, Schwimmen.

Schwimmen ist so gesund. Es gehört zu den gesündesten Sportarten überhaupt. Man verhebt sich nicht, man fällt nicht auf die Nase und man belastet die Gelenke nicht. Wegen des Widerstands von Wasser müssen wir mehr Energie aufwenden, um uns zu bewegen. Man kann Brust- oder Rückenschwimmen, den Delfin geben oder kraulen, man kann sich aussuchen, wann man ins Schwimmbad geht, und muss sich nicht an Kurszeiten halten. Im Sommer kann man ins Freibad oder in den See, kurz: es ist großartig.

Es ist nur leider völlig ungeeignet für Menschen, denen jedes Fünkchen Selbstdisziplin fehlt. Also für mich zum Beispiel.

Nimmt man sich anfangs noch vor, 1000 Meter zu schwimmen, mindestens, und zwar dreimal die Woche, schrumpft das Ganze schon bald auf ein paar Bahnen zusammen, und zwar quer. Es ist einfach zu langweilig. Ich weiß es, ich habe es ausprobiert. Es ist sogar dann noch zu langweilig, wenn man eine Schwimmbrille aufsetzt und beim Kraulen unter Wasser den anderen Schwimmern zusieht.

Als sich schließlich zu der Zeit, die ich statt im Becken im Jacuzzi verbrachte, noch das schlechte Gewissen und die nicht geschwommenen Meter drängten, war zu wenig Platz für uns alle und ich kam nie wieder. Ich bin über die Erkenntnis mit der mangelnden Selbstdisziplin hinweg, den Wassersport abschreiben möchte ich aber noch nicht. Für Leute, die einen motivierenden Tritt in den Allerwertesten brauchen, bieten die Badebetriebe Fitnesskurse im Wasser an. In meinem Fall sind das die Stadtwerke München. Im nächstgelegenen öffentlichen Schwimmbad entdecke ich auch schon den idealen Kurs:

Professionelle Anleitung wird da geboten, die mich mit einem Mixprogramm aus Aqua-Jogging und Aqua-Aerobic zum Strampeln bringen wird (und aufpasst, dass ich mich nicht in den Jacuzzi-Bereich treiben lasse).

30 Minuten lang werde ich mithilfe spezieller Handschuhe, Hanteln und Pool-Nudeln Fett verbrennen und Muskeln stärken. Kostet lediglich 3,90 Euro und noch nicht mal vorher anmelden muss man sich. Außerdem ist »Pool-Nudel« eines der schönsten Wörter die ich kenne. Pool-Nudel, Pool-Nudel, Pool-Nudel.

Wenn man irgendeine Form von Schwimmbad-Sport in Betracht zieht, sollte man sich nicht an den charakteristischen Schwimmbad-Dingen stören:

- hallendes Kindergeschrei,
- den Geruch von Chlor,
- knutschende Teenager am Schwimmbeckenrand,
- Bademeister

Ich mag all diese Dinge, ich fühle mich in Schwimmbädern sofort 20 Jahre jünger und wer mit mir ins Schwimmbad geht, muss aufpassen, nicht permanent von mir giggelnd untergetaucht zu werden. Auf dem Weg von den Umkleiden zum Schwimmbecken gehen vor mir zwei junge Mädels, wobei auf dem Hintern der einen – beziehungsweise auf deren Bikini-Hose – in großen, roten Buchstaben *FRUITY & JUICY* steht. Jetzt bin ich kein Englisch-Experte, aber ich weiß, dass man das übersetzen kann mit *FRUCHTIG & SAFTIG*. Was irgendwie, wenn man der Meinung ist, dass diese Adjektive gut auf den eigenen Hintern zutreffen, noch Sinn machen würde. Ich weiß aber auch noch, dass »fruity« ein anderes Wort für »gay«, also homosexuell, ist und »juicy« ist nicht nur »saftig«, sondern auch »pikant«, »schlüpfrig« und »anstößig«. Ob Blondie weiß, dass sie ihren Hintern mit *schwul & unanständig* beschriftet hat?

Es ist noch etwas Zeit bis zum Beginn der Fitnessstunde. *Ein idealer Zeitpunkt, um ein paar Bahnen zu kraulen und sich aufzuwärmen*, denke ich mir und liege keine 2 Minuten später auf einer dieser Sitz-Bänke im Warmwasserbecken mit Blubber-Düsen. Wärmt auch auf, nur anders. Die Blubberdüsen sind das eigentliche Problem, jetzt mal metaphorisch gesehen. Sobald es eine Möglichkeit zur Entscheidung gibt, wähle ich immer die Blubberdüsen, egal wie fest ich mir vorgenommen habe, genau dies nicht zu tun. Immerhin schaffe ich es, rechtzeitig das wohlig-warme Becken zu verlassen und meine Aqua-Fitness-Gruppe zu suchen. In einem lauwarmen Becken, in dem das Wasser nur bis zur Brust reicht, finde ich sie:

Zehn Frauen, ein Mann. Der Herr ist Mitte 60, die Damen tummeln sich zwischen Anfang 20 und Ende 50, was mich etwas verwundert, ich hätte mit mehr Omas gerechnet. *FRUITY & JUICY* und ihre Freundin sind auch mit dabei. Links und rechts von mir stehen zwei Damen mit einer Riesen-Mordströmmer-Oberweite, eine junge Mutter ist dabei, deren Mann mit dem kleinen Sohn das Treiben vom Liegestuhl aus beobachtet. Zwei Freundinnen in meinem Alter, die restlichen drei kennen sich auch irgendwoher. Nur der einzige Mann und ich kennen hier keinen und hüpfen leicht auf der Stelle, statt zu ratschen. Eine wunderschöne Lorelei (höchstens 18) in knapper Sportklamotte schiebt auf einer Art Teewägelchen eine Musikanlage in die Ecke, aus der flott Salsa-Musik tönt. Damit ist der Herr mit Gucken beschäftigt und ich hüpfe allein weiter. »So«, höre ich ihr sanftes Stimmchen den Lieblingssatz aller TrainerInnen sagen, »dann wollen wir mal!«

Die folgenden 30 Minuten machen wir Aerobic-Übungen im Wasser. Wir springen, wir joggen mit Knie möglichst weit hoch ziehen, wir hüpfen und machen den Hampelmann, insgesamt etwas beeinträchtigt durch den Widerstand des Wassers. Die Damen mit den Mordströmmerbrüsten bringen durch zeitgleiches Hüpfen enorme Wellen zustande, die locker die Titanic hätten sinken lassen. Hoffentlich ist bis zum Ende des Kurses überhaupt noch Wasser im Becken. Der Papa am Beckenrand wird komplett nass gespritzt, der kleine Sohn auch, was ihn jauchzen lässt, und irgendwie ist insgesamt eine recht schöne Stimmung hier im Hüpf-Becken. Vielleicht liegt es daran, dass sich die meisten kennen, vielleicht daran, dass es launig ist, im Wasser herumzuhampeln – wir tragen alle ein breites Lächeln im Gesicht. Die Pool-Nudeln und die Schaumstoff-Hanteln werden verteilt und wir drücken das Zeug mit gestreckten Armen unter Wasser, und ich lerne, dass man in eine Pool-Nudel einen Knoten machen kann und sich somit der Widerstand im Wasser erhöht. Erkenntnisse, mit denen man auf einer Party niemanden beeindrucken kann, aber ich bin zufrieden und habe Spaß. Anschließend werden wir noch etwas gedehnt, wir strecken die Pool-Nudel in alle Richtungen und beugen uns, wobei uns der kleine Knopf auf dem Schoß seines Vaters zusieht, als wären wir ein Kasperltheater. Und irgendwie sind wir das ja auch mit unseren bunten Pool-Nudeln. Pool-Nudel, Pool- Nudel, Pool-Nudel.

Lorelei, die am Beckenrand alles vormachen muss, schwitzt ganz ordentlich, was aber bestimmt auch an den Temperaturen im Schwimmbad liegt, denn so richtig anstrengend war unsere Gymnastik ja nun nicht.

»Reicht das denn als Sport, um einigermaßen fit zu bleiben oder zu werden?«, frage ich sie nach der Stunde und hoffe inständig, dass sie Ja sagt. Sagt sie aber nicht. Lorelei schüttelt ihren Kopf mit dem wallenden Haar: »Nein. Es ist gut, es ist besser als nichts zu machen, und besonders für Übergewichtige ist es ein guter Anfang, aber ausreichend ist es nicht.« Ob denn viele Übergewichtige kommen?

»Ja«, sagt sie, »und viele, die Probleme mit den Gelenken haben und diese nicht so belasten können, wie sie das an Land tun würden.« Wenn ich allerdings Lust hätte, könnte ich jederzeit in einen anderen Aqua-Kurs wechseln, der etwas anspruchsvoller ist: Aqua-Jogging oder Aqua-Step, Aqua-Boxen oder auch Aqua-Cycling.

Aqua-Cycling habe ich zumindest schon mal gehört, dabei werden Standfahrräder ins brusthohe Wasser gestellt, auf denen man strampeln muss. Das sieht dann ein bisschen aus, als hätte sich eine Gruppe Radfahrer beim Überqueren eines Flusses mächtig in der Tiefe desselben verschätzt. Lorelei jedoch ist davon begeistert: »Das ist superanstrengend und am nächsten Tag hat man einen Muskelkater, der sich gewaschen hat.« Klingt toll. Muskelkater ist wohl gut? »Ja klar!«, antwortet Lorelei und sieht mich an, als hätte ich mich soeben als kompletter Vollidiot geoutet. »Was weiß die schon«, mammel ich in mich hinein, leider stellt sich aber heraus, dass sie eine ganze Menge weiß, sie ist nämlich diplomierte Sportlehrerin und sie ist auch nicht 18, sondern 28 – Chlor konserviert eben.

Wie funktioniert es?

Im Wasser werden die Muskeln sanft trainiert, meistens zu Musik. Vorne steht eine Lorelei und macht es vor. Da der Widerstand im Wasser 4- bis 15-mal höher ist als in der Luft, tun wir uns schwerer und es werden alle Muskelgruppen gefordert. Unterstützend werden Auftriebs- und Widerstandsgeräte eingesetzt. Das steigert die Kondition und verbessert Kraft, Ausdauer und Beweglichkeit.

Was kostet es?

In öffentlichen Bädern kommt zu dem Eintrittspreis (da gibt es oft reduzierte Preise, wenn man nur zwei Stunden bleibt) eine geringe Summe (bei mir 3,90 Euro) hinzu, manche Bäder bieten Wassergymnastik aber auch umsonst an. Kommen Fitnessgeräte mit ins Spiel, zum Beispiel die Standfahrräder, kann es bis zu 10 Euro zuzüglich des Eintrittspreises kosten. Wer richtig ins Thema einsteigt, kann sich jede Menge Zubehör kaufen: einen Aqua-Jogging-Gürtel (circa 20 Euro), Neopren-Wasserschuhe, mit denen man einen besseren Stand auf dem Boden hat (zwischen 10 und 25 Euro), Hanteln (circa 19 Euro), Handschuhe (circa 14 Euro) oder: die eigene Pool-Nudel (unter 5 Euro). Pool-Nudel, Pool-Nudel, Pool-Nudel.

Aufwand

Man muss zum Schwimmbad kommen und wieder zurück und eine Badetasche packen. Das geht schon.

Für wen?

- Für alle, die Spaß im Wasser haben und sich nicht überanstrengen wollen. Ideal, wenn man eh zum Schwimmen da ist und die Übungen zusätzlich mitnimmt.
- Auch für ältere Menschen, für Dicke und für Frauen mit Mordstrümmerbrüsten, die sonst beim Sport immer im Weg sind.
- Wer eine Sportverletzung hatte und mit einem schonenden Aufbautraining beginnen möchte.
- Für alle mit Gelenkproblemen, Rückenproblemen und neuen Hüften.
- Abzuraten ist bei akuter Krankheit innerer oder neurologischer Art und wer Bluthochdruck oder Herzprobleme hat, sollte auch vorsichtig sein und vorher mit dem Onkel Doktor sprechen.

Wer macht denn so was?

Frauen. Fast nur. Erst bei den Aqua-Fahrradfahrern sind etwas mehr Männer dabei.

Vorteile

- Man wiegt nur noch 10 Prozent des Eigengewichts: Gelenke, Bänder und Wirbelsäule werden geschont.
- Geringes Überlastungs- und Verletzungsrisiko.
- Man bekommt keinen Muskelkater (bei der Gymnastik nicht, bei wilderen Aqua-Sachen schon).
- Der Gleichgewichtssinn wird trainiert, das fördert die Koordination.

- Durch den Druck wird die Atemhilfsmuskulatur gekräftigt.
- Kraftgewinn.
- Einfacher Neu- oder Wiedereinstieg.
- Gewebeschwächen (Cellulite) wird vorgebeugt und/oder verbessert.
- Bewegung im Wasser macht Spaß.

Nachteile

- Es ist nicht der Adrenalin-Kick.
- Man ist auf Kurse angewiesen.
- Es ist meistens drinnen.
- Immer dieses Chlor ...

Das war zwar ganz lustig, der Wasserspaß, aber wenn das einzige Resultat ein bisschen Spaß im Kinderbecken ist, dann schießt das natürlich an meinem Ziel *Diese Alex soll fitter werden* mit Karacho vorbei. Was mir leider auch klar geworden ist: Ich habe einfach keine Ahnung. Keine Ahnung von Sport, dem Körper und wie alles zusammenhängt. Brauche ich jetzt mehr Kraft oder mehr Ausdauer? Was davon sieht besser aus und was ist vor allem nicht so anstrengend? Und ist das dann gesund? Oder haben die ganzen Sportler nur einfach nicht mehr alle Tassen im Schrank?

Eines ist klar: Ich sollte mal jemanden sprechen, der sich auskennt.

PERSONAL TRAINER

»Ich brauche einen Profi«, seufze ich an diesem Abend, als ich mich zu L. aufs Sofa plumpsen lasse. »Für die Wassergymnastik?«, fragt L.

»Nein. Für die Gesamt-Alex.« L. sieht mich verständnislos an. »Na ja«, versuche ich zu erklären, »ich brauche jemanden, der mir sagt, worauf es ankommt. Ich hampel so ins Blaue hinein, aber vielleicht versuche ich mich in Sportarten, die mir gar nichts bringen würden, weil ich mir das Falsche raussuche! Und außerdem versuche ich die ganze Zeit, keinen Muskelkater zu kriegen, und jetzt erzählt Lorelei, dass ein Muskelkater was Gutes wäre! Was daran soll bitte gut sein?«

»Lorelei?«, fragt L.

»Ich müsste praktisch bei jemandem in die Lehre gehen. Bei einem Sport-Meister, einem Fitness-Guru!«, überlege ich laut.

»Lorelei?«, fragt L. wieder.

Da kommt mir eine glänzende Idee: »Ein Personal Trainer, das ist es!« Ich klatsche mit der Faust in die Hand und verschwinde in meinem Büro.

Wenn ich in meinem Internet die Wörter »Personal Trainer« eingebe und dann auf Bildersuche gehe, erscheinen lauter Fotos von schlanken, durchtrainierten Typen mit T-Shirts ohne Ärmel, die sich über schlanke, durchtrainierte Mädels beugen. Vor Männern auf dem Boden liegen hatte ich ja schon bei Pilates, vielleicht wäre eine Trainerin besser – da ist mir das eventuell nicht so unangenehm.

Ich kann mich erinnern, dass bei TV Total mal eine Fitnesstrainerin aufgetreten ist, die den Stefan Raab recht schön herumgescheucht hat. Mein Internet sagt, dass das stimmt, und sie heißt Johanna Fellner (www.johannafellner.com). Als »naturstoned« hat Raab sie damals bezeichnet, weil sie immer mit so einer leicht irren guten Laune durch die Welt läuft. Naturstoned klingt ganz gut, finde ich und surfe noch etwas im Internet. Dabei stellt sich heraus: Die Fellner ist ein Volltreffer. Sie hat den Fitness-Markt um jede Menge Bücher und DVDs bereichert,[23] eine Karriere beim *TeleGYM* (eine Sendung des Bayerischen Rundfunks) hingelegt und sie wird permanent in Zeitschriften, die *Shape* oder *Fit for Fun* heißen, als Fitness-Expertin zitiert. Dann gibt sie noch Kurse, außerdem ist sie Dozentin für Sport- und Gymnastiklehrer und Personal Trainerin, und noch ein paar Sachen, von denen ich keine Ahnung habe, was sie bedeuten: ein Reebok Global Trainer, eine Ausbilderin für Group-Fitness-Lizenzen, Staby und io-Ball, eine internationale Presenterin, Health Club Instructor und, das kenne ich endlich wieder: eine staatlich anerkannte Erzieherin: Sie studierte an der Fachakademie für Sozialpädagogik! Außerdem ist sie sehr hübsch, ungefähr so alt wie ich und hat eine Figur, dass es kracht. Es ist zum Kotzen.

---

23 Das neueste Buch: *Projekt Traumfigur: Das Step-by-step-Konzept*, riva Verlag, ISBN: 978-3-86883-127-6

Als ich per Mail einen Termin bei ihr ausmache, ist sie gerade in Kroatien. Irgendeine Convention, was mit Sport. Natürlich. Wir verabreden uns in einem Fitnessstudio ihrer Wahl, sie käme zwar auch nach Hause, aber wenn ich den Couchtisch an die Wand schiebe und zwischen Yuccapalme und Fernseher trainiere, dann weiß ich nicht, wo ich die Johanna hinsetzen sollte. Das Fitnessstudio ihrer Wahl liegt nicht im Stadtzentrum. Aber, und das lerne ich heute auch: Je weniger im Stadtzentrum, desto mehr Platz.

Ich komme zehn Minuten zu spät, weil ich die Fahrdauer mit den Öffentlichen unterschätzt habe und erst mal in die falsche Richtung gelaufen bin, außerdem regnet es und vor lauter Hetze bin ich jetzt schon außer Puste. »Zumindest bin ich schon aufgewärmt«, grummle ich in mich hinein und lasse meine Sporttasche vor der Rezeption auf den Boden fallen. Eine junge Frau mit schwarzem Pferdeschwanz dreht sich zu mir um. »Grias di, i bin'd Johanna!«, strahlt sie mich an. Das ist sie also. *Meine* Personal Trainerin.

Jetzt weiß ich auch, was Stefan Raab mit »natur-stoned« meint: So viel positive Strahle-Energie kenne ich sonst nur von Animateuren und aus der Volksmusik. »Tut mir leid, dass ich zu spät komme«, knirsche ich, aber sie winkt ab. »Dann miaß ma halt a weng schneller macha«, antwortet sie und springt mir voran die Treppen zu den Umkleiden hoch. Grandios sieht sie aus. Kein Gramm Fett ist an der Trainerin dran, trotzdem sieht sie nicht aus wie ein zwölfjähriger Junge, sondern wie eine Frau. Ihr Po fängt viel weiter oben an als meiner, fällt mir auf, während ich versuche, ihr hinterherzusprinten. Als ich in meinen Sportklamotten aus der Umkleide komme, geht sie voran durch das Fitnessstudio zu einem kleinen Raum: Parkettboden, eine Matte in der Mitte, in irgendeiner Ecke liegen ein paar Bälle herum. Und das Schönste: Es gibt eine Tür, die man zumachen kann.

»So! Dann leng' ma los!« So viel Schwung, wie die ausstrahlt, das weckt sogar mich auf, und ich strahle zurück. Johanna lässt mich ein paar Übungen machen, um herauszufinden, wo meine Schwachstellen sind, und mir ist klar: Da reitet sie dann bestimmt drauf rum. Ich hätte spontan getippt, meine Schwachstellen sind kitschige Liebesfilme sowie frische Pasta und Rotwein, aber weit gefehlt: meine Schwachstellen sind die Bauch- und die seitliche Rumpfmuskulatur. Ob sie das immer sofort merkt, wo die Kunden ihre Schwachstellen verbergen? »Ja«, sagt sie, »des merkt ma glei.« Anhand einiger Probe-Übungen sieht sie, wann der Körper unsicher ist und nicht so recht weiß, wohin.

Dann passiert das, was ich befürchtet habe: Sie reitet auf meinen Schwachstellen rum. Ich mache Kraftübungen, Liegestütze, dabei soll ich ein Bein nach hinten oben strecken (»Und jetz des zwoate – naa, war a Schmarrn«, lacht sie), ich liege auf dem Rücken und bringe die Ellenbogen an das gegenüberliegende Knie, ich stütze mich auf die Seite und stemme mich als schiefes Brett in die Höhe. Ich mache Kniebeugen, und immer wenn ich denke: *Okay, das kriege ich hin*, stellt sich heraus, dass ich es ganz falsch mache. Sie beobachtet mich genau, eine falsche Fußstellung, das Becken gekippt, die Schultern zu weit vorne, sofort werde ich korrigiert. Sie ist ganz konzentriert auf mich, während sie Anweisungen gibt und mich antreibt. Ich mache Ausdauerübungen und Balanceübungen, bei denen ich immer umfalle (die seitliche Muskulatur, wie gesagt) und stelle dabei fest: Ich versuche permanent zu bescheißen. Sobald es anstrengend wird, also praktisch immer, mildert mein Körper automatisch die Übungen ab. Nicht ganz so weit runter oder ganz so weit hoch, mich leicht drehen, damit die Stellung angenehmer ist … nur leider komme ich überhaupt nicht durch damit. Sie bemerkt es jedes Mal sofort und greift ein. Wer schummelt, macht die Übung noch mal. Kein einziges Auge drückt sie zu, ich glaube, sie blinzelt nicht mal. Ich versuche sie durch ein paar gepresste Fragen oder einen Scherz abzulenken, aber alles nützt nichts. Auch Stöhnen hilft nicht. »Woher merkst du eigentlich, wenn jemand nicht mehr kann?«, keuche ich kurz vor dem sicheren Bauchmuskel-Tod. »Wenn jemand weiß um an Mund wird und die Aung verdraht«, antwortet sie und wischt den Satz gleich wieder davon, als sie meine schreckensgeweiteten Augen sieht »Naa, war a Schmarrn – und weida geht's!«

Es ist aber auch wirklich zu dämlich: Man sieht ein, dass man Sport machen muss, man leistet sich sogar einen Personal Trainer – um dann zu versuchen, den zu bescheißen. Das ist doch bescheuert.

Nach den ersten zehn Minuten bin ich verschwitzt, nach 20 tropfe ich die Matte voll. Wenn ich nach einer Übung fix und fertig bin und meine Bauchmuskeln brennen, lässt sie mich sofort eine andere Übung machen, zum Beispiel für die Oberschenkel, und ehe ich mich versehe, denke ich gar nicht mehr an den Bauch. »I bin koa Fan von Paus'n«, sagt sie, was wirklich schade ist, ich bin nämlich ein großer Fan von Pausen.

Gegen Ende unserer Stunde, nach ein paar Dehnungsübungen, darf ich mich auf den Rücken legen, ich schließe die Augen, mein Puls beruhigt sich allmählich und Johanna drückt mir sanft die Schultern Richtung Boden, zieht an meinen Füßen nach unten. »Spüa deinen Körper«, höre ich ihre schöne Stimme mit dem entzückenden Dialekt und ich spüre tatsächlich meinen ganzen Körper, er tut aber nicht weh, sondern ist nur warm und fühlt sich gut an. Wenn sie mir jetzt noch eine Decke und eine Cola bringt, bin ich glücklich.

Unsere Stunde ist vorbei und ich glaube, so effektiv habe ich noch keine Sportstunde genutzt wie heute mit Johanna. Wenn man schon seinen Schweinehund überwinden muss, dann holt man so auch wirklich das meiste aus der Stunde raus. Ob sie auch einen Schweinehund hat? »Nein«, sagt sie, und das kann ich mir nun gar nicht vorstellen. Es ist aber eine Haltung, die mir bei fast allen Sport-Cracks begegnen wird. »Mia macht des Spaß!«, bekräftigt Johanna.

Ich hake nach: »Die Anstrengung? Wenn du schwitzt und deine Muskeln das Brennen anfangen? Das macht dir Spaß?«

Sie nickt: »Ja!«

Hm. »Machst du denn jeden Tag Sport?« Wieder nickt sie, dass der Pferdeschwanz hüpft. »I mach jeden Tag Ganzkörpertraining, i jogg gern und klettern tua i a.« Oh Mann. Ob man so was in die Wiege gelegt bekommt? So wie andere Leute gerne lesen oder Tiere mögen? Oder Nougatschokolade? Johanna hat schon als Kind angefangen mit Sport, erzählt sie mir, mit Kunstturnen. Dann kam Tanz dazu, und als ihr Cousin Ausbilder im Fitnessbereich wurde, war für sie klar: Das will ich auch. Es ist diese Faszination für die Bewegung und den Körper, die sie nach New York reisen lässt, um dort Tanzstunden zu nehmen, und die sie schließlich dazu bringt, bestimmten Ausbildern hinterherzureisen, um von den Besten zu lernen. Die gleiche Leidenschaft lässt sie nach einer schweren Knieverletzung nicht aufgeben: »Da hod's ma den Meniskus zerfetzt«, sagt sie fröhlich und verdreht die Augen, wenn sie daran zurückdenkt, wie der zuständige Arzt ihr nach der Operation lediglich einen Zettel mit drei Übungen zur Reha mit nach Hause gegeben hat. Ein dreiviertel Jahr suchte sie nach jemandem, der ihr helfen konnte, die Funktion ihres Knies wiederherzustellen. Gefunden hat sie den Physiotherapeuten der Eishockey-Nationalmannschaft. Jetzt hüpft sie wieder, Gott sei Dank.

Wenn jemand seinen Weg gemacht hat,– und das hat die Fellner definitiv – dann sind die Mühen, die sie dorthin gebracht haben, vor lauter Erfolg nicht mehr ganz so einfach zu sehen. Aber man kann ihre Begeisterung für den Sport fast mit den Händen fassen, besonders wenn sie von ihren Anfängen erzählt. Von ihrem ersten Aushilfsjob, als Vorturnerin für Aerobic vor einer Gruppe von 20 Hausfrauen, für den sie eine Anfahrt von 1,5 Stunden in Kauf nahm – und ihre Enttäuschung, als die Damen lautstark nach »ihrem Robert« verlangten. Nein, hier ist kein Schweinehund, das ist Hingabe und Begeisterung und viel Herz. Wenn aber nun ebendieses nicht für Sport, sondern für italienisches Essen schlägt? »Ma muaß scho rausfindn, wos eim' Spaß macht«, sagt Johanna, »des ko ganz verschiedn sei.« Die einen haben bei Ballsportarten richtig Spaß, bei anderen ist es am wichtigsten, dass sie sich draußen aufhalten, die werden sich leichter mit den Outdoor-Sachen tun. Vielleicht ist es dem einen am wichtigsten, in der Gruppe zu sporteln und er ist in einem Verein gut aufgehoben, andere bevorzugen ein Fitnessstudio und die übernächsten sind erst motiviert, wenn sie sich ein Ziel setzen, das sie erreichen wollen, oder sie sich im Wettkampf mit anderen beweisen können. Und ich? Ich habe keine Ahnung. »Dir muaß ma was zum doa gem«, findet Johanna und hat komplett recht damit. Sie hat gemerkt, dass mir während einer Übung spätestens nach der dritten Wiederholung total langweilig wird, sie würde mich deswegen pausenlos verschiedene Übungen machen lassen, sodass mein Fusselhirn gar nicht dazukommt, das Tun infrage zu stellen. Die ist schon toll. Ob diese Menschenkenntnis aus ihrem Sozialpädagogikstudium kommt? Und warum hat sie das eigentlich gemacht? Die Lösung ist einfach: Die Familie war schuld. Die bestand darauf, dass Johanna »außer dera Hupferei no was G'scheits lernt«.

Wie funktioniert es?

Der Personal Trainer (hier: Johanna Fellner) geht individuell auf den Kunden und dessen Probleme ein, sie kann ein Programm perfekt anpassen und vor allem dafür sorgen, dass man die Übungen richtig macht. Personal Trainer ist kein geschützter Titel, deswegen sollte man sich über die Ausbildung des/der Auserwählten informieren.

Was kostet es?

Zwischen 80 und 150 Euro pro Stunde. Der Preis ist jedoch eine Sache der Absprache und wird individuell ausgehandelt, eine Möglichkeit für eine Ermäßigung sind zum Beispiel ermäßigte 10er- oder 20er-Karten.

Aufwand

Kommt drauf an, ob man sich zu Hause besuchen lässt (gering) oder ins nächste Fitnessstudio muss (mäßig).

Für wen?

Für alle, die etwas tun wollen. Der Schwierigkeitsgrad ist ja stufenlos regulierbar. Johanna ist spezialisiert auf Ganzkörpertraining, und zwar ohne große Hilfsmittel, das heißt, man kann sich auch draußen im Park mit ihr treffen. Wer jetzt auf einen Marathon trainiert oder sich um eine Zehntelsekunde in seinem Leistungssport verbessern möchte sowie auf eine regelmäßige Laktat-Messung[24] Wert legt, ist eventuell woanders glücklicher. Diejenigen, die lieber innerhalb ihrer Komfortzone bleiben und sich dort sanft dehnen, werden wahrscheinlich überfordert, denn es geht schon zur Sache.

---

24   Keine Sorge, wenn Sie keinen Schimmer haben, was das ist.

Wer macht denn so was?

Frauen und Männer, etwa 50 zu 50. Die meisten sind Ende 30, Anfang 40 und – zumindest diejenigen, die Johannas Dienste regelmäßig in Anspruch nehmen – gut betucht. Die bitten ihre Trainerin schon mal ins Wohnzimmer oder in das hauseigene Fitnessstudio. Es gibt aber auch viele, die sich ausnahmsweise eine Stunde leisten, weil sie spezielle Übungen für ihre Schwachstellen lernen wollen, eine Beratung brauchen oder weil sie eine DVD von ihr haben und mal mit »der Echten« trainieren wollen.

Ihre männlichen und ihre weiblichen Kunden unterscheiden sich übrigens kaum, was das Training angeht. Die Männer wollen sich vielleicht eher beweisen, räumt Johanna ein, aber »des war's a scho«.

Vorteile

* Perfekt auf einen zugeschnitten und somit:
  * wahnsinnig effektiv,
  * man ist flexibel in der Zeiteinteilung und
  * der Personal Trainer kommt auch nach Hause, was perfekt ist, wenn man wenig Zeit hat.

Nachteile

* Man muss es sich leisten können.
* Man kann nicht schummeln. In keinem Moment.

Während ich mich verschwitzt auf eine Bank in der Umkleide fallen lasse, deutet Johanna, die übrigens genauso fit und strahlend aussieht wie vor einer Stunde, auf eine Tür am Ende des Raums. Sie muss zwar schon wieder irgendwohin zum Sport, aber wenn ich möchte: dort wäre der Wellnessbereich. Jetzt ist das ja so eine

Sache mit den Wellnessbereichen, das kann ja auch ganz schön in die Hosen gehen: Ich war schon in Hotels, die eine Dusche im Keller als Wellnessbereich deklariert haben.

Hinter dieser Tür jedoch verbirgt sich der Eingang in ein kleines Paradies: Eine Wendeltreppe führt in das Dachgeschoss. Dort befindet sich ein riesiges Schwimmbad, von dem man auf die Stadt blicken kann, die unter einem liegt. Es schließen sich an: verschiedene Saunen (eine extra Damen-Sauna), Sonarien, Solarien, Dampfbäder, drei Ruheräume, alles schlicht in japanischem Stil, weitläufig und wunderschön. Eine Duschinsel gibt es, mit Schwallbrausen und Tauchbecken, mit Mosaik verziert, und ein Rondell, wo man ein Fußbad nehmen kann. Es ist still und riecht nach Kräuteraufguss und ich bin vollkommen hingerissen. Ich war als Kind oft mit meinen Eltern in der Sauna, es waren glückliche Stunden, die ich dort verbracht habe. In der Pubertät ging dann das Genieren los und später hatte ich dieses Vergnügen irgendwie aus den Augen und der Erinnerung verloren.

Als ich auf meinem Handtuch in der Sauna sitze und die heiße Luft einatme und die Hitze durch meine Haut dringt, wird mir klar, dass dies das erste Mal seit Langem ist, dass ich mir Zeit nehme, um etwas für mein Wohlsein, meinen Körper zu tun. Das ist ein schönes Gefühl. Vermutlich sollte ich das mit dem Sport auch so sehen. Ich steige nach der Sauna auch kurz rückwärts die Stufen in das eiskalte Tauchbecken hinunter mit einmal untertauchen, wie ich das bei meinem Papa gelernt habe und wickle mich dann in ein großes Handtuch. In einem der Ruheräume gibt es beheizte Wasserbetten, auf so einem liege ich und genieße diese Wohligkeit.

Objektiv betrachtet ist so ein Tauchbecken mit eiskaltem Wasser nicht sehr verlockend. Im Gegenteil, jeder normale Mensch würde sich mit Armen und Beinen auf der obersten Stufe einspreizen, um nicht da runter zu müssen. Viele Sauna-Fans tun es aber doch, ich auch. Und es macht mir gar nichts aus! Obwohl ich wirklich die Erste bin, die vor Unannehmlichkeiten jeglicher Art die Grätsche macht – und ein Becken mit eiskaltem Wasser ist definitiv eine Unannehmlichkeit. Vermutlich tue ich es ohne Murren, weil ich das Eintauchen nicht infrage stelle, es ist einfach Teil dieses Ablaufs. Vielleicht aber auch, weil ich gelernt habe, dass sich danach ein so schöner, wohliger Zustand einstellt, der mit nichts zu vergleichen ist. Kann ich das bei Sport auch hinkriegen? Dass er mir gar nichts ausmacht, weil er ganz normal wird und weil ich weiß, dass ich mich danach so gut fühle? Oder ist es dafür zu spät? Wahrscheinlich wären da noch wahnsinnig beeindruckende Einsichten gefolgt, aber vor lauter Wohligkeit schlummere ich sanft auf dem Wasserbett davon.

Personal Trainer – PAT

»Du warst bei einer Frau? Einer TrainerIn?« Fassungslos sehen Jana und Anne mich an. »Was ist falsch daran?«, frage ich zurück und schiebe die Pizza in den Ofen. Es ist Mädchenabend bei uns zu Hause. Mädchenabend ist jeden Mittwochabend und hat eine lange Tradition. Gut, inzwischen sind wir von Prosecco und Fingerfood im Szenelokal auf Pizza und Rotwein zu Hause umgestiegen, und wenn L. nichts vorhat, wird er als viertes Mädchen aufgenommen, aber es ist immer noch lustig und es gibt immer etwas zu erzählen. Ich würde auch wahnsinnig gerne von meinen Erlebnissen mit Johanna Fellner erzählen, werde aber gleich zu Beginn unterbrochen, weil die Mädchen sich nicht beruhigen können: »Warum hast du keinen Typ genommen? So einen durchtrainierten, flotten, jungen, attraktiven …«, fängt Jana an zu schwärmen und Anne fällt ihr ins Wort: »Ja, so einen wie Kevin Costner in diesem Film mit Whitney Houston!«

»Da war er ein Bodyguard, kein Trainer!«, halte ich dagegen, aber die beiden sind nicht mehr zu bremsen. Jana klappt meinen Laptop auf, der auf dem Esstisch herumliegt, und hämmert in die Tasten. Gemeinsam suchen sie nach etwas, das sie sich unter *Personal Trainer* vorstellen. Als ich eine neue Weinflasche aufmache, schreit Anne auf: »Da, der! So muss ein Personal Trainer aussehen!« Sie drehen den Laptop zu mir und wer lächelt mich da vom Monitor an: Meister Proper in jung! Ein Typ um die 30, mit einer geschorenen Glatze, ärmellosem T-Shirt und verschränkten Armen voller Muckis ist da zu sehen. *Ich bin Patrick Herzog, Personal Trainer in München*, steht auf seiner Website (www.patrickherzog.de).

Wie es an diesem Abend nun genau dazu kam, dass ich jetzt auf dem Weg zu Patrick bin, daran kann ich mich nur schemenhaft erinnern. Ich kann mich hingegen sehr gut erinnern, dass noch mehr Rotweinflaschen geköpft wurden und in dem Moment alles ganz logisch und vernünftig erschien. Vermutlich hätte ich den Termin wieder abgesagt, aber dann kam eine Mail von ihm, mit zwei Fragebögen. Der eine ist ein tabellarisches Ernährungsprotokoll zum Ausfüllen: Was esse ich wann, warum und wie fühle ich mich danach? Der andere ist ein 13-seitiger (!) Fragebogen zur Anamnese.

Will ich eine Gewichtsreduktion und in welchem Zeitraum und/oder Muskelaufbau und wo genau, oder eine straffere Figur? Schlafe ich gut und wie viel, wie komme ich zur Arbeit, wie lange bleibe ich dort und wie viele Urlaubstage habe ich? Blutdruck? Ruhepuls? Bauchumfang? Hat meine Mutter Krampfadern? *Der will es aber ganz genau wissen*, dachte ich, wurde neugierig, und will es wiederum auch genau wissen. Und hier bin ich nun, vor der Haustür eines stinknormalen Wohnblocks im Münchner Randbezirk. Neben der Klingel für die Kellerwohnung klebt sein Logo:

 PATRICK HERZOG

Ich atme tief durch. Eine Minute später bin ich drin. In Patrick Herzogs Kellerstudio. Ich stehe in einem Raum voller martialischer Geräte mit Seilzügen und Gewichten, sie sind aus Chrom, Stahl und schwarzem Leder und tragen so klangvolle Namen wie *Hammer Strength*.

Oh Gott, denke ich und lasse meinen Blick auf die andere Seite des Raumes schweifen – und dort steht ein Monster, ganz aus Eisen.

Es muss sich um eine Art König der Geräte handeln, um das Sportgerät von Chuck Norris. Es würde mich nicht wundern, wenn das Ding knurren könnte: Es ist eine Kletterturm-Stahl-Gerüst-Konstruktion aus Stangen (schwarz), Länge: 2,70 Meter, Breite: 2,10 Meter, Höhe: 2,80 Meter. Daran befestigt sind Griffe, Sprossen und Streben, das »Dach« ist ein Rippengestell aus Querstreben. Schwere Hantelscheiben stecken auf schwarzen Bolzen und sehen aus wie die Zahnräder einer Höllenmaschine.[25] In dafür angeschweißten Halterungen stecken Chromstangen zum Herausnehmen, die aussehen wie Auspuffrohre, aber keine sind, sondern *Langhanteln* heißen. Über einigen Streben hängen Haltegurte, gepolsterte Beinschlaufen – und da, in einem Regal hinter dem Stahlturm, liegt ein Paar Fußfesseln.

Irgendwie kommt mir das hier bekannt vor. Ich war mal in einem Raum, der so ähnlich aussah, allerdings für ein ganz anderes Projekt, nämlich für *Miss Sex, Wie ich auszog, die beste Liebhaberin der Welt zu werden.*

---

25 Das Ding heißt offiziell Functional Training Station und ist bisher die einzige in Deutschland.

Ich hoffe, das alles hier ist nicht ein großes Missverständnis. Patrick trägt allerdings kein rotes Lackoberteil mit Reißverschluss, sondern ein blaues T-Shirt und lächelt mich freundlich an.

»Hallo!«

»Hallo. Was ist das?«, frage ich und zeige auf die Fußfesseln. Er sieht sich um: »Oh, damit kann man sich aufhängen und kopfüber Sit-ups machen.«

Wo bin ich da nur hingeraten?

«Du machst das – schon länger? Ich meine, du hast das gelernt?«, frage ich unsicher. Patrick grinst. Er war auf dem Sportgymnasium, dann auf der Sport-Uni. Er ist diplomierter Sportwissenschaftler und regelmäßig auf allen möglichen Weiterbildungen in der ganzen Welt unterwegs. Ja, er hat das gelernt. Bei der Bundeswehr.

»Was?«, ploppt es aus mir heraus, »bei der Bundeswehr?« Patrick nickt. Mit 19 ist er (freiwillig) zur Bundeswehr, neun Jahre war er dabei, Einzelkämpferausbildung. Da hat er auch schon andere trainiert: »Die Jungs wussten, dass sie bluten werden, aber es hat ihnen Spaß gemacht!«

Fuck, fuck, fuck, das ist gar nicht gut. Wie komme ich aus der Nummer wieder raus? Innerlich verfluche ich Anne und Jana und wünsche sie an meine Stelle, was, wie immer, nicht funktioniert. Vor meinem geistigen Auge entsteht das unschöne Bild, wie mich Meister Proper durch die Höllenmaschine dreht und mir dabei militärisch ins Ohr brüllt, dass mir die Haare flattern: »Los! Weitermachen! Arme und Beine bilden eine rotierende Scheibe! Wir sind hier nicht bei *Wünsch dir was*!«

»Und was ist das?«, versuche ich abzulenken. Ich stehe vor einer rechteckigen, weiß schimmernden Fläche, deren Ränder mit einer Holzleiste begrenzt sind. »Das,« strahlt Patrick mich an, »ist ein Slideboard!« Ich habe wohl immer noch ein Fragezeichen im Gesicht, also zieht er sich OP-Schuhe über die Schuhe und macht es mir vor.

Ich weiß nicht, ob sie Air Hockey kennen, das ist eine Art Billardtisch mit einer sehr weißen, sehr glatten Spielfläche, auf der man einen Plastik-Puck rasend schnell hin und her schießt. Mit den OP-Schuhen (in diesem Fall Zellstoff-Überzieher) ist man nun ebenso rutschig auf dem Board unterwegs wie ein Puck. Patrick macht gleitende Bewegungen wie beim Schlittschuhlaufen nach links und rechts – und gleitet von einer Seite zur anderen wie eine glatzköpfige Eisprinzessin. Das sieht aus, als könnte es Spaß machen. »Kann ich das mal probieren?«

Kurz darauf stehe ich mit den Überschuhen auf der rutschigen Fläche. Ich gebe nicht die Eisprinzessin, sondern erinnere in meiner Leistung an mein tatsächliches Eislauf-Können: mit den Armen rudern und versuchen, nicht auszurutschen. Patrick stellt sich vor mich und reicht mir die Hände. »Ich halt dich fest«, sagt er und ich traue mich, vorsichtig hin und her zu rutschen. Es macht Spaß. Es macht sogar so viel Spaß, dass ich ein bisschen jauchze. Ich strahle Patrick an und er strahlt zurück. »Und das hier ist ein ViPR!«, sagt er und hält mir etwas entgegen, was wie ein perforierter, ein Meter langer Plastik-Baumstamm aussieht. »Toll!«, nicke ich zustimmend.

»Das sind Kettlebells«, beantwortet er meinen Blick auf verschiedenfarbene, grapefruit- bis melonengroße Gewichte, die aussehen wie riesige m&ms mit Henkeln. Da dämmert es mir allmählich: Der ist nicht gefährlich, der will nur spielen!

Insgeheim verpasse ich mir selbst eine Kopfnuss: Wie schnell ich mir von einem ersten Eindruck die Sicht vernebeln lasse! Die Informationen:

- freiwillig verpflichtet,
- Einzelkämpferausbildung,

gepaart mit einer rasierten Glatze, einem ärmellosen T-Shirt und beachtlichen Tri- sowie Bizepsen, hat mir völlig die Sicht verwehrt auf den Mann, der vor mir steht: ein offener Typ mit freundlichen Augen und einem enormen Wissen um den menschlichen Körper. Ein Mann, der fasziniert ist von dem Zusammenspiel von Körper und Geist, von Muskeln, Skelett, Organen und Nerven. Der aus der Bundeswehr ausgestiegen ist, um seinen Sport-Traum zu verwirklichen – und der in seinem Büro einen Hamsterkäfig stehen hat.

Ich befinde mich also auf einem Abenteuerspielplatz für Sportler. Dieses Glitzern in Patricks Augen ist verwandt mit dem Leuchten in den Augen von Kindern, wenn sie einem ihr Zimmer zeigen. »Das ist ein Männer-Paradies hier, was?«, überlege ich laut. Wenn es noch ein paar blinkende Knöpfe und Schalter gäbe, wäre es vielleicht sogar was für L. Patrick schüttelt den Kopf: »Ehrlich gesagt, meine Kunden sind mehr Frauen. Hätte ich auch nicht gedacht, aber die lieben die Geräte.« Warum anscheinend generell mehr Frauen fremde Hilfe in Anspruch nehmen, erklärt sich Patrick mit der männlichen Eitelkeit: »Männer haben oft ein Ego-Problem. Die tun sich schwerer damit, einen Rat anzunehmen, als Frauen.« *Oh hell, yes*, gebe ich ihm innerlich recht.

»Okay, wenn ich anfangen würde zu trainieren«, frage ich und deute auf die Geräte, »wie lange würde es dauern, bis ich aussehe wie, wie – Johanna Fellner?« Patrick lacht, »Nun, das kommt ganz darauf an. Frauen sind oft ›diätgeschädigt‹, das heißt, man muss ihren Stoffwechsel erst mal wieder aufbauen. Aber wenn du die Sache mit der Ernährung hinbekommst und zweimal die Woche trainierst, dann merkst du schnell etwas, im Ganzen dauert es jedoch ein bis zwei Jahre.« Er sieht meinen erschrockenen Blick – ich meine, ein bis zwei Jahre! Ich bin das von der *Brigitte*-Bikini-Diät so gewohnt, dass man das an dem Wochenende vor dem Strandurlaub erledigt (um es sich nach dem Urlaub doppelt und dreifach wieder anzufressen).

»Schneller geht's nicht, tut mir leid. Die meisten bewegen sich jeden Tag zu wenig und diesen Mangel sollte man auch täglich ausgleichen. Was man sich 20 Jahre lang draufschafft, geht nicht innerhalb von vier Wochen wieder runter.« Herrje! Dann ist alles, was ich bis jetzt in Frauenzeitschriften gelesen habe, falsch? »Jepp«, sagt Patrick. »Es gibt natürlich auch Extremfälle, da schafft dann einer 25 oder 30 Kilo in sechs Monaten, aber das geht nur, wenn sich derjenige komplett von mir steuern lässt.«

Ich ziehe die Augenbrauen nach oben. 30 Kilo? In sechs Monaten?

»Ja, das geht schon, allerdings bestimme ich dann auch, wann, was und wie viel trainiert, geatmet und gegessen wird. Ernährung macht 70 Prozent des Erfolges aus.«

Das scheint mir jetzt viel, vor allem wenn ich an den Vanillekrapfen denke, den ich mir eben in der S-Bahn noch habe schmecken lassen.

»Wenn die Leute das erste Mal kommen, sehe ich sie im Geiste oft schon so, wie sie einmal aussehen werden«, sagt Patrick, »aber es ist klar: Es kostet immer Schweiß, Geld und Zeit.«

Schweiß, Geld und Zeit. Klingt schrecklich, oder? So wie Pusteln, Pest und Pocken.

Er zeigt mir auf seinem Computer im Büro Vorher- und Nachher-Fotos von Klienten (mit deren Einverständnis). Das ist krass. Bild eins: ein dicklicher Typ, oben ohne. Er ist Mitte 30 und hat ein leichtes Doppelkinn, kleine Männertitten und einen Pizzateig-Bauch. Bild zwei: Der gleiche Typ, nur ohne Doppelkinn, Busen und Pizzateigbauch. Bild drei: ein durchtrainierter Adonis mit Sixpack, breiten Schultern und einer Taille. Die Bilder entstanden in einem Zeitraum von neun Monaten.

»Man nimmt während des Trainings auch erst mal zu«, sagt Patrick, »obwohl man optisch abnimmt.« Das verstehe ich nun überhaupt nicht. »Muskeln sind schwerer als Fett«, erklärt er, »außerdem verbrennt das Fett später, als sich die Muskeln aufbauen. Das heißt, eine Hose kann erst mal spannen, bevor man eine kleinere Größe braucht.«

Nun, glaube ich, haben wir ein kleines Missverständnis, ich will nämlich gar nicht mehr Muskeln haben. Muskulöse Frauen sehen aus wie He-Man-Figuren. Das hat noch gefehlt, dass meine Hosen vor Muskeln spannen.

Patrick grinst: »Wir haben Knochen, Fett und Muskeln zur Verfügung, um unseren Körper zu formen. Auf was, meinst du, hast du Einfluss?« Er beugt sich nach vorne und sieht mir fest in die Augen: »Merk dir das, das ist wichtig: Krafttraining ist gleich Figurtraining!«

Hm. Ich hatte mir nur nicht vorgestellt, dass es so, so − anstrengend sein müsste, aber Patrick ist da unmissverständlich: »Klar, es verkauft sich natürlich besser, wenn man es anders nennt und behauptet, es wäre alles ganz einfach, aber tut mir leid, so läuft das nicht.«

Das wird immer deprimierender. »Hey«, versucht er mich aufzumuntern, »das kann Spaß machen! Komm, wir wärmen dich ein bisschen auf und ich zeig dir was.« Na denn.

Ich mache Kniebeugen, wobei mich Patrick mit dem Gesicht so nah an die Wand stellt, dass ich automatisch die richtige Position finde (guter Trick), dann mache ich (da bricht der Einzelkämpfer durch) Seals-Liegestützen (aua) und alle Übungen, die wir machen, dauern 40 Sekunden, dann ist 40 Sekunden Pause. Um die Zeit zu messen, hat Patrick einen Piepser in der Tasche, der alle 40 Sekunden einen hohen Piepton von sich gibt. Nach zwei Durchgängen bin ich konditioniert wie Pawlows Hund.

PIEPS, ich erschlaffe und falle in mich zusammen.

PIEPS, ich bringe den Ellenbogen ans Kinn oder das Knie hinters Ohr oder was gerade angesagt ist.

Kurz darauf hänge ich mit den Füßen in lustigen Schlaufen, (wieder eine Gemeinsamkeit mit dem *anderen* Projekt) eines »Sling Trainers« und danach übe ich Sit-ups.

»Qualität ist nun mal wichtiger als Quantität«, sagt Patrick – und fasst beherzt mit beiden Händen in meinen Bauch. Ich schwöre: Hätte mir vorher jemand gesagt, dass mir ein glatzköpfiger Ex-Oberleutnant an die Bauchdepartments greifen würde, ich wäre mitsamt meinem Vanillekrapfen in die nächste S-Bahn nach Hause gestiegen.

Es ist aber nicht schlimm oder blöd. Er zeigt mir lediglich, welche Muskeln ich nacheinander anspannen soll, nicht mehr und nicht weniger, und als ich das tue, funktioniert auch der Sit-up, wie er sich gehört. »Den machen die meisten Leute falsch,« kommentiert Patrick.

»Was hältst du eigentlich von, ähm, Pilates zum Beispiel? Oder dieser Strom-Sache? Bodystreet?«, frage ich ihn und bin echt gespannt, was er dazu sagt. Er überlegt kurz, während er uns zwei Flaschen Wasser aufmacht.

»Weißt du«, fängt er nach einem großen Schluck an, »wenn es darum geht, Fett loszuwerden, kann man sich immer fragen: Machen die Bodybuilder das auch?« Ich verziehe das Gesicht bei dem Gedanken an die aufgepumpten Muskelprötze, aber Patrick winkt ab: »Ich weiß, ich weiß. So muss man auch nicht aussehen – aber sie sind die absoluten Profis. Niemand weiß so viel über Muskelaufbau und Fettverbrennung wie diese Jungs – oder würdest du sagen, dass Tour-de-France-Fahrer, also Ausdauersportler, einen Knack-Po haben …? Turner oder Sprinter, die Kraft trainieren, schon, und zwar zum Nüsseknacken.« Da hat er wohl recht.

»Generell«, sagt er, »sollte eine Frau 15 Liegestütze und 3 Klimmzüge schaffen, wie sie das anstellt, kann sich jede selbst aussuchen.« [26]

Drei Klimmzüge? Gibt es Menschen, die das schaffen? Ich kann nicht mal einen halben! »Warte, ich hab da was!«, zwinkert Patrick mir zu und hängt einen neongrünen Gummi-Expander mit einer Schlaufe am Ende an eine der Querstangen der Höllen-

---

26 Die Jungs: 30 Liegestützen, 10 Klimmzüge

maschine. »Hier!«, sagt er und hält mir das Ding hin, »steig von einer Sprosse weiter oben mit einem Fuß in die Schlaufe, das andere Bein kreuzt du und dann mach einen Klimmzug.« Sobald ich in dem Expander stehe, muss ich mich festhalten, ich baumle sonst nämlich unkontrolliert auf und ab. Der Klimmzug klappt (mit ein bisschen Hilfe von Patrick) und auch die Liegestützen fallen damit viel leichter: Ich bekomme einen Gurt um den Bauch, der an dem Super-Gummi festgemacht wird. So gehen die Liegestütze leichter, ich kann aber auch wie ein durchgeknallter Käfer mit allen vieren gleichzeitig in die Luft hüpfen und leicht über dem Boden schweben. Toll. Ich fühle mich wie Angelina Jolie in *Tomb Raider*, wo sie bei sich zu Hause in Gummibänder geschnallt ist, die von der Decke hängen, und eine Armee von Bösewichten auslöscht. In diesem Moment wird mir klar, warum Patrick hier so viel Zeug herumstehen hat: aus Spaß!

»Wie bist du überhaupt zum Personal Trainer geworden?«, frage ich Patrick, der mir mit ein paar Handgriffen ein Zirkeltraining aufbaut. »In dem Fitnessstudio, in dem ich als Trainer gearbeitet habe, hat mich ein Kunde gefragt, warum er trotz permanentem Strampeln auf Stepper und Rad seinen Bauch nicht loswird. Ich habe ihm dann erklärt, warum das so nicht funktionieren kann,[27] und gemerkt, dass mir das liegt.« Es ist, als wäre jeder von Patricks Kunden sein persönliches Projekt. Er freut sich über ihre Erfolge mindestens genauso wie sie selbst und gerät ins Schwärmen, wenn sich die positiven körperlichen Veränderungen auch auf die Lebenssituation auswirken. Zum Beispiel bei Svenja Walter.

---

27 Cardiotraining wie stumpfes Laufen auf dem Laufband oder stundenlanges Radfahren oder Hüpfen in einem Aerobic-Kurs ist Stress für den Körper und beschleunigt das Altern! Besser sind extrem kurze, intensive Intervalle.

Als Patrick von seiner Kundin Svenja erzählt, weiß ich kurz nicht, was das ist, in seiner Stimme, dieser Ausdruck in den Augen – ist er verliebt? Aber dann erkenne ich plötzlich das Gefühl: Es ist Stolz! Er ist stolz auf seinen Schützling! Als sie zu ihm kam, erinnert sich Patrick, war sie eine dieser Mütter in Schlabber-Klamotten. Sie hatte zwei Kinder bekommen und fühlte sich nicht wohl in ihrer Haut. Im gleichen Maße jedoch, in dem sich mit Patricks Hilfe ihr Körper veränderte, wandelte sich auch die Rest-Svenja zu einer selbstbewussten, schönen und erfolgreichen Frau, die nun für saisonale Beiträge bei RTL Punkt 12 vor der Kamera steht und ein Kochbuch veröffentlicht hat. »Das Gefühl, aufzustehen und den Bauch nicht einziehen zu müssen«, sagt sie, »und am Strand zu den wenigen mit guter Figur zu gehören, allein dafür hat es sich gelohnt.« In ihrem Blog hat sie ihren Trainer mit der Video-Reihe *Montags wird geturnt* geehrt, was recht informativ und lustig anzusehen ist. Wer Lust hat: www.meine-svenja.de

Wie funktioniert es?

Patrick macht *P*ersönlich *A*ngepasstes *T*raining, das er PAT genannt hat. Je nach Kunde, dessen Ziel und Ausgangssituation wird dann trainiert. Und zwar mit Schmackes. Patrick weist auch darauf hin, dass der Begriff »Personal Trainer« nicht geschützt ist und Sie sich unbedingt versichern sollten, dass der/die Auserwählte über eine fundierte Ausbildung und bestenfalls ein Studium oder eine gleichwertige Ausbildung verfügt und schon Erfahrung gesammelt hat. Außerdem sollte er/sie eine Ahnung von Zusammenhängen im Körper haben und diese erklären können. Bei ihm bezieht sich Personal Training nicht unbedingt nur auf reines Training. Es kann ein 24-Stunden-Coaching in allen Lebensbereichen sein.

Was kostet es?

Das kommt auf die Zielsetzung des Kunden an. Will der Kunde in 3 Monaten so viel Fett wie möglich verlieren, möchte Patrick ihn jeden Tag sehen. Hat er dafür mehr Zeit, genügen zwei- oder dreimal die Woche aus. Dementsprechend wird dann das jeweilige Paket geschnürt.

Aufwand

Zu Hause (gering) oder in Patricks Fitnessstudio (mäßig).

Für wen?

Für alle, die etwas verändern wollen und bereit sind, Schweiß, Geld und Zeit dafür zu lassen. »Es ist ganz verschieden. Es kommt die Studentin, die dafür gespart hat, um sich in drei Monaten drei Hosengrößen runtertrainieren zu lassen«, sagt Patrick. »Oft kommen Leute aber erst, wenn sie gesundheitliche Probleme haben«, bemängelt er, und erinnert sich an einen Arzt, der mit Schulterproblemen zu ihm kam. Ein Arzt-Kollege hatte dem Mann zur OP geraten – Patrick hat ihn jedoch mithilfe von drei Übungen, die der Mann regelmäßig machen muss, schmerzfrei bekommen. »Viele kommen auch mit Rückenschmerzen, ein Klassiker.« Das Kieser Training fällt mir da sofort ein!

»Ob so jemand nicht besser bei einer speziellen Rückenschule aufgehoben ist?«, frage ich ihn, woraufhin er mich auffordert, mich gerade hinzustellen, Beine schulterbreit. »Und jetzt strecke deinen rechten Arm aus und peile über deinen Daumen. Dreh deinen Oberkörper so weit du kannst nach rechts, mithilfe des Daumens kannst du dir den Punkt merken.«

Kein Problem, ich kann bis zu dem Gerät gucken, das aussieht wie eine Streckbank. »Und jetzt leg ein bisschen mehr Gewicht auf die Außenkante deines linken Fußes,« befiehlt er, »und dreh dich noch mal.«

Erstaunlich, ich komme lange nicht so weit wie eben, ich sehe noch nicht mal das Rückteil der Streckbank. »Ein Rückenproblem muss nicht immer automatisch mit dem Rücken zusammenhängen«, erklärt Patrick und erzählt etwas von myofaszialen Linien[28] und ich verstehe nur noch Bahnhof. »Ich zeig's dir, mach dich mal obenrum frei, ich habe eine Massage für diese Linien gelernt!«

Und es spricht wirklich, wirklich für ihn und seine Art, dass ich ihm nicht *Die Nummer kenn ich schon, Freundchen* ins Ohr brülle. Kurz darauf stehe ich im BH vor ihm. Er tritt hinter mich, drückt mich auf die nächste Lederbank und fasst mir von hinten zwischen die Schulterblätter. Er drückt auf meinem Rücken herum und findet schließlich, was er sucht, und das ist nicht der BH-Verschluss, ihr Saubären, sondern eine solche Myoszi-dings-Linie. »Kannst du das spüren?«, fragt Patrick und massiert eine Stelle an meinem Rücken, und das kann ich tatsächlich – aber im Nacken, am Haaransatz. »Es ist eben miteinander verbunden«, erklärt er strahlend, und all seine Faszination für den menschlichen Körper spricht aus ihm.

Sein Fitnessstudio hat außerdem einen ziemlichen Garagentraining-Charme, wer also einen Feine-Pinkel-Laden bevorzugt, ist

---

28 »Myofasziale Funktionslinien sind Muskelfasern verschiedener Muskeln mit dem dazugehörigen Bindegewebe, die wie Linien durch den Körper laufen und zusammenarbeiten, indem sie sich in einem Bewegungsmoment gemeinsam anspannen beziehungsweise verlängern. Im Verlauf einer Bewegung werden ständig wechselnde myofasziale Funktionslinien eingesetzt, je nach Stellung des Körpers im Raum während einer Bewegung.« Aus: *pt, Portal für Physiotherapeuten,* Heft 3/2011, S. 61.

woanders besser aufgehoben – oder bittet ihn zu sich nach Hause. Dafür kann Patrick Herzog Ihren Körper, egal wie er jetzt aussieht, in jede gewünschte Form trainieren. Und zwar auf den Zentimeter.

Wer macht denn so was?

Mehr Frauen als Männer. Die Männer stöhnen mehr, findet Patrick, und verziehen mehr das Gesicht, die Frauen hingegen lassen sich die Anstrengung schwerer anmerken. Der älteste Kunde ist 84 Jahre alt, der jüngste 12.

Vorteile & Nachteile

des Personal Trainings, siehe oben.

Als ich nach Hause komme und in den folgenden Tagen allen von dem Personal Trainer Patrick Herzog erzähle, bewahrheitet sich dessen Voraussage, was die erste Frage aller Frauen sein würde: »Und? Sieht er gut aus?«

Liebe Frauen: Er sieht nicht schlecht aus. Manche fänden ihn bestimmt wahnsinnig toll, andere so mittel. Das Schöne ist aber, dass es darauf nicht ankommt. Das ist, als wenn Sie fragen würden, wie mein Frauenarzt aussieht. Der sieht auch nicht aus, der ist nur.

ZUMBA

Manchmal sind in meinem Hirn Informationen, die mich eigentlich nicht interessieren und von denen ich auch nicht weiß, wie sie dorthin gekommen sind. Zumba gehört zu diesen Dingen. Ich weiß, dass es ein Fitnessprogramm ist, ich weiß, dass es irgendetwas mit Tanz und lateinamerikanischer Musik zu tun hat »und total Spaß macht«. Woher weiß ich das? Ich habe keine Ahnung. Irgendeine Form von Werbung muss zu mir durchgesickert sein, was ein bisschen erschreckend ist, denn wer weiß, was noch so alles durchsickert, ohne dass ich es bemerke.

Die Zutaten von Zumba klingen vielversprechend: Tanzen, laute Musik, Spaß. Das ist eine Kombination, die mir schon viele Nächte versüßt hat. Wenn es mir nun auch den Sport versüßen könnte – perfekt. Fehlt nur noch das Bier dazu.

Ich kann mich außerdem erinnern, dass ich nach durchtanzten Nächten verschwitzt und verausgabt, aber glücklich war. Was mich sofort zu der Frage bringt: Warum mache ich das fast nie mehr?

»Techno«, sagt L. und hat damit nicht unrecht. Rückblickend habe ich den Eindruck, man ging in einen Klub und tanzte zu »Rage Against the Machine« und als man das nächste Mal kam, war dort eine Goa-Psychedelic-Trance-Party. Auch toll, nur nicht für mich. Dieser Umstand, gekoppelt mit der plötzlich aufkommenden Ernsthaftigkeit eines festen Jobs und dem unschönen Zustand frühmorgens im Badezimmer, wenn man nachts die Sau rausgelassen hatte – das alles führt auf direktem Weg auf mein Sofa statt in den nächsten Klub. Weil aber Tanzen eine prima Sache ist, haben L. und ich uns vor Jahren bei einem Standard-Tanzkurs angemeldet – nur Tanzkurse sind keine prima Sache, zumindest unserer nicht. L. trat mir permanent auf die Zehen, ich wurde sauer, die Musik war beschissen und ganz ehrlich: an Orten, wo Standard getanzt wird, will ich nicht meinen Samstagabend verbringen. Die Salsa-Abende in einer Kneipe um die Ecke scheiterten an meinem Unwillen, meinen Unterleib in Kontakt mit mir völlig unbekannten Unterleibern zu bringen, und als die Mädchen vorschlugen, zu einer Ü-30-Party zu gehen, ging ich zwar mit, ich fand auch die Musik ganz gut, aber die Stimmung erinnerte ein bisschen an die Titanic, als das Orchester beim Untergang noch weitergespielt hat, für die Todgeweihten.

Zumba hat insofern die besten Chancen:

- Es tritt einem niemand auf die Zehen (glaube ich).
- Es gibt keine Unterleibskontakte (glaube ich).
- Man muss sich nicht die Nacht um die Ohren schlagen.
- Es gibt weniger Bier (glaube ich), der Tag danach ist also nicht versaut.
- Tanzen macht Spaß, ergo: der Schweinehund ist minimal.

Da hätte man mal wirklich früher draufkommen können. Die Verbindung von Tanz und Sport könnte ungeahnte, neue Zielgruppen erschließen! Wie wäre es mit einem *Punk- und Pogo-Workout*? Oder einem *Headbang dich fit*? *Stagediving Fitness*?

Ich bin zehn Minuten zu früh da. In Jogginghosen und den unvermeidlichen Tennisschuhen stehe ich vor dem verglasten Raum des Fitnessstudios und warte. Ein paar Laufbänder stehen hier in einer Reihe, zwei sind besetzt: Ein Mann und eine junge Frau joggen gleichmäßig dahin, sie haben kleine Kopfhörerknöpfe in den Ohren und starren auf den Fernsehmonitor, der über ihrem Laufband angebracht ist. Es sieht aus, als versuchten sie, in den Fernseher zu laufen. Ein paar der Reebok-Step-Dinger stehen in einer Ecke, gestapelt wie die Bauklötze eines Riesen. Ich nehme mir einen und setze mich drauf. PONK! macht es, einer der Plastikfüße bricht weg und ich sitze auf dem Boden. Das lenkt sogar die beiden Jogger von ihrem Film ab.

Wenn doch nur Jana hier wäre, denke ich, während ich mit hochrotem Kopf an dem Plastikfuß herumfriemle. Wir waren früher oft miteinander tanzen. Es ist schleichend immer schwieriger geworden, Zeit miteinander zu verbringen. Zum Teil liegt das an der oben erwähnten Tanz-Komplikation, zum anderen an Janas neuem Hobby, das den Großteil ihrer Freizeit verschlingt: das Pferd. Vor zwei Jahren hat sie plötzlich einen Pferde-Anfall bekommen und angefangen, Reitunterricht zu nehmen. Die Themenschwerpunkte vieler Mädchenabende waren:

- runterfallen oder nicht und wenn, dann wie,
- der richtige Sitz,
- wo ein Schenkel liegen sollte und warum (ersparen Sie mir die Wiederholung aller unserer Wortwitze über das Thema),
- Buena,
- Buenas Rang in der Herde,
- was macht Buena, wenn …

Ganz richtig: Buena ist das Pferd. Am schlimmsten waren diese Abende für Anne, die Pferde für unberechenbare, 500 Kilo schwere Gefahrenquellen hält. Mir waren die Themen nicht ganz so fremd, ich bin früher nämlich auch mal geritten. Jahrelang und mit viel Freude. Bis der erste Freund kam und Küssen viel interessanter war, als leicht zu traben.

Eine junge Stimme reißt mich aus meinen Gedanken: »Na, du bist ja früh dran!«

Was ist das? Ein Punk? Tank Girl? Vor mir steht Sandra, die Zumba-Lehrerin. Sie trägt Schlabberhosen, die kurz unterhalb der Knie aufhören, lila Schuhe, ein buntes, enges Oberteil, ein Stirnband und eine wunderbar zerzauste Frisur. Strähnen davon, die ihr permanent über die Augen fallen, pustet sie aus dem Gesicht. Dabei strahlt sie mich so fröhlich an, dass ich mich sofort ein bisschen mitfreue. Das leicht zerschlissene Outfit gehört dazu, zum Zumba, erfahre ich später. Vermutlich deswegen sind an den Zumba-Hosen (natürlich gibt es extra *Zumba-Wear*) gerne Bändchen oder Troddeln oder sonst irgendetwas befestigt, das lässig herunterbaumeln kann.

Der Raum füllt sich allmählich beziehungsweise hört er gar nicht mehr auf, sich zu füllen: insgesamt drei Männer und 38 (!) Frauen tröpfeln herein. Wie wir alle dastehen und warten, sehen wir aus wie eine Demo für Sportklamotten kurz vor dem Abmarsch. Ich stehe in der hinteren Hälfte, von hier aus kann ich Sandra noch erkennen, zumindest wenn sich keine meiner Kolleginnen bewegt.

»Ála, caramba!«, dröhnt es plötzlich. Alles klar, die Musik ist an. *Ála, caramba!* heißt bestimmt so viel wie »Keine Gefangenen«, so hört es sich zumindest an. Sandra fängt frohgemut das Hopsen an und wir machen mit: ein Salsa-Schritt nach vorn, einen zurück und dann, hüftkreisend wie Shakira, eine Drehung. Die Musik trommelt, einen Salsa-Schritt nach links und wieder zur Mitte, jetzt nach rechts und immer schön die Hüfte wackeln lassen. Aus dem afrikanisch-lateinamerikanischen Rhythmusgewirbel der Lautsprecher tönt spanischer Text, in dem auffallend oft »Zumba, Zumba!« vorkommt und wir machen weiter unsere Salsa-Schritte, jede, wie sie kann. Bei manchen ist es mehr ein Gehen auf der Stelle, andere schieben ihre Hüftknochen dabei so weit zur Seite, dass sie damit ihre Nachbarin ausknocken könnten. Sandra zeigt die neue Figur: Wir stehen breitbeinig, Arme über den Kopf und wackeln mit der Hüfte, dann wird wieder gedreht. Nach und nach kommen neue Schritt hinzu, es ist ein bisschen wie bei Step – nur ohne das Step-Ding und mit mehr Hüfte. Die Musik ist auch besser. Aber ist das Sport?, frage ich mich, als wir mit geschlossenen Beinen mit dem Popo voraus nach hinten hüpfen. Mir wird warm, keine Frage – machen Sie mal Salsa-Schritte im Rhythmus eines Presslufthammers. Als wir alle, und wir sind viele, einen Ausfallschritt nach links machen, eine Drehung und das ganze wieder zurück, fällt mir ein, an was mich das schon die ganze Zeit erinnert: Können Sie sich an diese lustigen Tänze erinnern, bei denen viele Leute nebeneinander oder auch in Reihen alle die gleiche Schrittfolge machten? Und meistens einen Cowboyhut aufhatten? Und die Daumen in den Hosentaschen ihrer Jeans? Genau so komme ich mir vor. Nur, dass wir andere Musik haben und mit dem Hintern wackeln statt mit den Cowboyhüten. Und schon hat mich mein Fusselhirn wieder abgelenkt und ich springe nach links statt nach rechts und krache voll mit meiner Nachbarin zusammen. Aua. Wir versuchen, wieder in den Rhythmus zu kommen (»Zumba, zumba!«) und sie schafft es auch ganz gut.

Wenn man sich die einzelnen Moves (so nennt man das) anguckt, werden die meisten feststellen, dass es die Übertreibungen von Bewegungen sind, die man selbst automatisch beim Tanzen macht. Nur eben nicht Xmal hintereinander (und dann Xmal zur anderen Seite), sondern eingebunden in die eigene, wie auch immer geartete Choreografie oder Katastrophe, je nachdem.[29] Ich schwöre: Jeder dieser Moves war (zumindest früher einmal) Teil meines Tanz-Repertoires:

- die Blick-über-die-Schulter-Zurückwurf-Drehung,
- das Links- und rechtsseitige Schlängeln mit dem Kopf voran,
- das Kopf-in-den-Nacken bei gleichzeitigem Hüftwackeln,
- dem doppelte Unterarme-nach-links-und-recht-schwenken mit dem dazugehörenden Haare-Schütteln in die gleiche Richtung,
- und natürlich: der breitbeinige Arme-Ausstrecker mit Schulter-Schütteln, der den Busen so wunderbar schaukeln lässt.

Insofern verwundert die angebliche Entstehungsgeschichte von Zumba auch nicht besonders: Ein kolumbianischer Fitnesslehrer (Alberto Perez) hatte die Musik für seine Aerobic-Klasse vergessen und benutzte daraufhin die Musikkassette, die er in seinem Autoradio hatte. Auf der Kassette waren Salsa- und Merengue-Stücke und kurzerhand improvisierte der Fitnesstrainer geschwind ein paar Übungen dazu. Was sag ich? Der hat die Klasse einfach nur alle seine Tanzschritte nachtanzen lassen! Einen nach dem anderen! Keine 15 Jahre später ist ein weltweites lizenziertes Programm daraus geworden. Über 3 Millionen Zumba-DVDs wurden verkauft. *So viele Menschen können doch nicht irren*, denke ich und bin fest entschlossen, dem Ganzen Spaß abzugewinnen, schließlich heißt es: Zumba – Join the Party! Aber ich habe die Kurve nicht mehr gekriegt. Es war in dem Moment vorbei, als Sandra sagte: »Und jetzt Schritt, Schritt, Sprung, KLATSCHEN!« Und Sie wissen ja, wie ich zu Klatschen stehe.

---

29 Wenn Sie schon mal in Brasilien oder auf Kuba waren, werden Ihnen die Hüftkreise noch nicht mal besonders übertrieben vorkommen, da tanzen die wirklich so. Wenn ich mir allerdings vorstelle, eine Cubana stände hier im Raum und könnte sehen, wie wir Hageln versuchen, die Hüften kreisen zu lassen, also die würde vor Lachen glatt nach hinten umfallen.

Trotzdem bewundere ich Sandra. Sie muss nicht nur die ganze Choreografie ohne nachzudenken vormachen, sie muss auch noch währenddessen möglichst laut erklären, was sie da tut, und letzten Endes muss sie sich auch ansehen, was wir daraus machen, was vielleicht der schwerste Teil ist. Als alle nach dem Hopser-Schritt klatschten, sehe ich mir die ganze Chose von oben an – kennen Sie das? Dass man an der Decke schwebt und eine Situation aus dieser Distanz betrachtet? Als ich da oben schwebe und auf uns hinunterblicke, Schritt, Hüftkreisen, Hopser, Klatschen (und jetzt in die andere Richtung!), sehe ich es ganz deutlich: Dies ist keine *Ultra-Fun-Fitness-Party* und es fühlt sich auch nicht an wie der Besuch eines Nachtklubs, wie die New York Times einmal schrieb. In einem Nachtklub steht man nicht in Reihen und turnt Übungen nach. Man fühlt sich eher wie ein Pauschaltourist, der beim Klubtanz mitmacht.

Aber hey: Auch das macht vielen Leuten großen Spaß – nur mir eben nicht.

Wie funktioniert es?

Zumba ist Aerobic auf lateinamerikanisch. Zu rhythmischer Musik wird eine Choreografie aus Fitnessübungen getanzt, die Bewegungen sind den Tanzstilen Salsa, Merengue und Reggaeton entlehnt. Eine Prise Hip-Hop sowie Bauchtanzelemente sind auch erlaubt.

Durchschnittlich werden zwischen 400 und maximal 800 Kalorien pro Zumba-Stunde verbrannt, wobei die Mehrheit wohl deutlich drunter bleibt. Es gibt inzwischen verschiedene Zumba-Kurse, Zumba im Wasser, Zumba mit Gewichten bis hin zu Kursen für Kinder. Durch die Anteile aus Aerobic, Kraft- und Intervalltraining formt und strafft es den Körper und verbrennt Fett.

Was kostet es?

Zumba wird als Kurs in Fitnessstudios angeboten und ist somit in den meisten Studios im Monatspreis enthalten. Wer für Zumba (oder für irgendeinen anderen speziellen Kurs) Mitglied in einem Studio werden möchte, sollte sich zunächst für eine Schnupperstunde anmelden und sich dann entscheiden. Es gibt aber auch DVDs für zu Hause und Bücher. Wer mehr wissen will:

Beto Perez, *Zumba: Das Dance-Workout*, ISBN 978-3-86883-117-7

Aufwand

Je nachdem, wo Ihr Fitnessstudio ist. Mit DVD ist der Aufwand minimal – es ist dann aber auch eine sehr kleine Party.

Für wen?

Eine normale Zumba-Stunde ist für Anfänger und Fortgeschrittene geeignet sowie für alle Altersstufen, Frauen und Männer. Man muss nicht tanzen können und der Einstieg ist jederzeit möglich. Extras sind: Zumba Gold (für ältere, aktive Erwachsene), Zumba Toning (mit Zumba Tonic Sticks für noch mehr Kalorienverbrennung und Muskelformierung), Aqua Zumba (Fitness-Party im Wasser) und Zumbatomic (Zumba für Kinder).

Wer macht denn so was?

Frauen.

Vorteile

Die Musik ist ganz gut.

Nachteile

Es darf einem nichts ausmachen, im Pulk die Hüfte zu schwingen, laut »Hey!« dabei zu schreien und sich selbst einen Klaps auf den Po zu geben. Solche Dinge.

YOGA

Mit Yoga ist es so eine Sache. Das ist ja nicht einfach eine Sammlung von Übungen und damit so etwas Ähnliches wie Geräteturnen. Ich habe zum Beispiel von einer Bekannten einmal den Satz gehört: »Yoga hat mir das Leben gerettet ...« So etwas hört man nicht über Geräteturnen. Und dieser Unterschied ist es, der daran schuld ist, dass ich das bis jetzt nicht ausprobiert habe. Ich habe Angst, ich gehe in einen dieser Yoga-Tempel und wenn ich wieder herauskomme, trage ich ein bescheuertes Permanent-Lächeln im Gesicht und hänge in unserem Garten diese bunten buddhistischen Gebetsfahnen in die Bäume.

Außerdem fallen bei mir die meisten Gründe weg, die meine Mitmenschen zum Yoga treibt:

1. Ich muss mich nicht *entschleunigen*. Wenn ich mich noch ein bisschen mehr entschleunige, wachse ich vermutlich mit dem Hintern am Sofa fest. Ich habe auch kein Burn-out-Syndrom, im Gegenteil, der Stress in der Arbeit hält sich in Grenzen und Stress zu Hause gibt es nur, wenn L. seine Wäsche überall herumliegen lässt oder so etwas. Sogar wenn irgendetwas der genannten Dinge zuträfe – wenn man von seinem Job, seinem Partner oder aus irgendeinem anderen Grund gestresst ist – wäre es dann nicht besser, etwas an der Job-Situation oder der Partner-Situation oder an dem anderen Grund zu ändern? Anstatt Sonnengrüße zu machen? Vielleicht ist Yoga aber

auch ein Accessoire für die erfolgreiche Business-Frau geworden – und insbesondere für solche, die es gerne wären. »Ich brauche einen gewissen Ausgleich«, seufzt da die gestresste Schalterbeamtin der Post, »um mal den Kopf freizubekommen.«

2. Andere verspüren den Wunsch, sich zu verbeugen und Danke zu sagen. Der Erde, der Sonne, dem Mond oder so. Ich habe nicht das Bedürfnis, mich zu verbeugen. Schon gar nicht vor einem höheren Wesen, der Sonne oder einem anderen Gestirn. Spirituell-religiösen Dingen gegenüber bin ich resistent, Näheres über etwaige Inkarnationen oder Götter sowie deren Existenz und Gesinnung werden wir schließlich noch früh genug erfahren, insofern keimt in mir auch keine Hoffnung auf Erleuchtung jedweder Art – von der Lampe im Gang mal abgesehen, die L. schon seit Monaten reparieren will.

3. Die Sorte Faszination, die uralte überlieferte Techniken und/oder Traditionen, vornehmend aus exotischen Teilen der Welt (statt, sagen wir, aus der Oberpfalz), auf viele meiner meist weiblichen Mitmenschen ausübt, teile ich ebenfalls nicht. Richtig unheimlich wird es, wenn ich mir die Flut an Leuten ansehe, die sich zu Yogalehrern ausbilden lässt, indem sie das komplette Wissen um diese uralten überlieferten Dinge in einem 4-Wochen-Kurs im Teutoburger Wald erlernen.

4. In den meisten Hirnen besteht eine Art innere Autobahn zwischen Buddhismus und Yoga. Ungeachtet aller tatsächlicher Gemeinsamkeiten, aber auch aller Unterschiede färbt die Haltung zum Buddhismus: *Das sind die Guten*, auf das Yoga ab.

Trotz dieser vier Punkte schwant mir, dass etwas dran sein muss, am Yoga. Sogar Menschen aus meinem näheren Umfeld, die ich für vernünftige Leute halte, schwören auf ihre Yogastunden. »Ich möchte das nicht mehr missen«, ist ein häufiger Satz. Die

Anzahl dieser Leute wuchs schleichend (wenn die sich mal alle im Namen des großen OM oder sonst jemandem erheben, dann gute Nacht), woraufhin eine kurze Trotzphase meinerseits folgte. Über die bin ich hinweg und nun ist es soweit. Die große Frage ist jedoch, ob ein spirituell eher bockiger Mensch wie ich etwas von der wunderbaren Wirkung des Yoga verspüren wird.

Bevor es so weit kommt, dass ich mich für meine erste Yogastunde anmelde, legt mir dieses Mist-Yoga den ersten Stein in den Weg. Man macht ja nicht nur einfach Yoga, sondern muss sich entscheiden: Will man lieber Bufti-Yoga oder Maharadschi-Yoga machen? Sollte man am besten dem achtfachen Pfad des Hui Buh folgen? Oder mithilfe der Papaya die Tschetschenen-Chakren stimulieren? Als Anfänger steht man vor einem undurchdringlichen Wald von Möglichkeiten. Gegen und für alles gibt es ein extra Yoga. Bikram-Yoga und Hormon-Yoga, Power-Yoga, Yoga für Schafe oder gegen Masern, es ist wirklich unübersichtlich. Aber, Glück für Sie, ich habe mich schlaugemacht:

Yoga ist ein Wischiwaschi-Wort und besagt übersetzt nur etwas wie »Einswerden« (mit der göttlichen Kraft).[30] Da nun aber die Versuche, ebendieses zu erreichen, wirklich sehr unterschiedlich sein können, kann man sie alle als Yoga bezeichnen: Der eine hält dafür 25 Jahre lang einen Arm in die Höhe, der andere singt »Hare Krishna«, jeder nach seiner Fasson.

Die vielen verschiedenen Möglichkeiten werden in vier Hauptzweige zusammengefasst:

1. eher meditativ (Meditation),
2. eher intellektuell (zum Beispiel Unterricht beim Guru),

---

30 Gemeint ist vermutlich die ursprüngliche, göttliche Kraft in uns selbst.

3. durch selbstloses Handeln (altruistische Taten),
4. durch liebende Hingabe (da fallen die Krishna-Singer drunter),

Die eher meditative Nummer (1), auch Raja oder »der Königs-weg« genannt, widmet sich der Entwicklung und Beherrschung des Geistes und besteht aus einem Acht-Stufen-Plan, der eine Menge Regeln beinhaltet, unter anderem die Aufforderung, sich regelmäßig zu waschen, sowie eine Vielzahl von Leitsätzen, die auch in den Zehn Geboten stehen und die ich salopp zusammen-fasse unter: Don't be evil.

Der Acht-Stufen-Plan:
* **Fünf Enthaltungen**
* **Fünf Verhaltensregeln**
* **Die Körperübungen (Asanas)**
* **Atemübungen**
* **Konzentration auf die Sinne, die sich nicht durch Außenreize ablenken lassen sollen**
* **Konzentration auf nur einen Gedanken oder die Lee-re oder ähnlich Transzendentales**
* **Ein höherer Bewusstseinszustand durch Meditation**
* **Das stufenweise, völlige Aufgehen, die Erleuchtung**

Diejenigen Übungen, die nun eher körperlicher Natur sind, wer-den unter dem Begriff »Hatha-Yoga« zusammengefasst (das be-trifft die Nummern 3 und 4). Sie sollen unter anderem helfen, Fusselhirne wie meins zur Ruhe zu bringen und sind somit ein prima Einstieg für die anderen Nummern. Wie diese Körperü-bungen nun auszuführen sind und wie viel und wohin dazu geat-met wird, da gibt es verschiedene Richtungen:

* Ashtanga- (Vinyasa-) Yoga: von dem alle modernen Power-Flow-Dynamic-Wellness-Fitness-etc.-Yogas abgeleitet sind,

unter anderem auch Jivamukti-Yoga. Bei Jivamukti-Stunden werden die Übungen dynamisch und zu lauter Musik ausgeführt, außerdem werden Mantras gesungen und heilige Schriften vorgelesen. Alle beinhalten festgelegte Serien von anstrengenden Körperhaltungen in Bewegung mit richtigem Atmen.

- Iyengar-Yoga: sehr penible Ausführung, dafür sind Hilfsmittel erlaubt (Klötze, Gurte, Kissen …)
- Kundalini-Yoga: abgefahrene Idee, nach der Kundalini (eine Art Lebenskraft) in der Steißbeingegend zusammengekauert liegt und dazu gebracht werden soll, ähnlich einer Temperaturanzeige, über circa sieben Chakren die Wirbelsäule entlang nach oben zu steigen. Auch hier werden Körperhaltungen und Atemübungen gemacht, es kann aber auch sein, dass Sie verschiedene Handstellungen machen müssen oder ein Mantra singen.
- Kum Nye: tibetisches Heilyoga, bei dem man viel sitzen und meditieren muss. Dafür sind die körperlichen Übungen technisch recht einfach. Auch hier kann es zu Mantras und sogar zu Akupressur kommen, damit die Energie wieder flutscht.
- Kriya-Yoga: eine mordsmäßig geheimnistuerische Richtung des Yoga, für das man von einem autorisierten Kriya-Yogi »eingeweiht« werden muss (meist kostenpflichtig). Bei der Einweihung überträgt der Chef-Yogi Energie und ermöglicht so einen Fortschritt, der ohne ihn viel schwieriger zu erreichen wäre. Außerdem werden bei der Einweihung gleich auch die Chakren und Energiekanäle gereinigt, das ist wie beim Zahnarzt: wenn man die Plombe reparieren lässt, dann kann man die Zahnreinigung auch gleich noch machen. Wo man schon mal da ist. Die Eingeweihten dürfen aber nichts davon erzählen. (Das ist jetzt nicht so wie beim Zahnarzt.) Es handelt sich aber wohl um Meditations- und Atemtechniken, in denen die Kundalini-Nummer eine tragende Rolle spielt, wodurch

man die Lebensenergie *Prana* steuern lernt und innerhalb kürzester Zeit und ohne große Mühen direkt zur Erleuchtung gelangt. Ich habe noch viel Interessantes gefunden, auch eine Beschreibung der Techniken sowie Ratschläge, was man tun kann, wenn der Guru die Chakren nicht anständig gereinigt hat. Ich möchte sie Interessierten nicht vorenthalten: www.kriyayoga.com

Es existieren zwar noch einige andere Richtungen, aber die haben in der Regel mehr oder weniger unaussprechliche Namen. Sie heißen jedoch nie Power-, Dynamic, Fun- oder Hormon-Yoga. Oder Schwangeren-Yoga. All diese Formen entspringen dem Ashtanga- (Vinyasa-) Yoga und stammen mitnichten aus dem alten Indien, sondern meist aus New Yorker Fitnessstudios. Sie sind zugeschnitten auf die Bedürfnisse von uns Europäern, man könnte sagen modifiziert, andere sagen verstümmelt, aber durchaus angepasst: Was sich die meisten Yoga-Besucher hierzulande erhoffen, sind eine bessere Beweglichkeit, eine Linderung von Stress, Abschalten-können, ein höheres Körperbewusstsein und ein bisschen Glück, *irgendwie*.

Die Fülle der Angebote geht mir ein bisschen auf den Keks, das ist wie im Supermarkt vor dem Marmeladenregal. Da ist man mit 30 verschiedenen Aprikosensorten auch überfordert. Deswegen sympathisiere ich mit einem Kurs, der keine komplizierten indischen Namen und keine englischen Trendwörter beinhaltet. Er heißt, Achtung, jetzt kommt's: *Yoga*. Gefunden habe ich ihn im Kursprogramm des Fitnessstudios *FitnessFirst* . Für manche mag das nicht indisch genug sein, aber zumindest laufe ich nicht Gefahr, in Räucherstäbchen-Wolken zu sitzen.[31]

---

31 Nichts gegen Räucherstäbchen. Räucherstäbchen sind eine prima Sache, nur nicht für mich. Verstehen Sie das bitte: Meine Mutter war ein Hippie. Ich bin durch mit Räucherstäbchen und Henna.

Wir sind zehn Frauen und vier Männer. Verteilt im Raum hocken wir auf den rutschfesten Matten, einige haben die Augen geschlossen. Als die Yoga-Chefin den Raum betritt, bin ich freudig überrascht: Es ist die erste Vorturnerin in diesem Verein, die nicht wie ein angehender Hollywoodstar aussieht, sondern ganz normal. Sie ist auch nicht mehr Mitte 20 und hat zwar eine gute Figur, aber auf eine beiläufige Art. Jene Art, bei der auch mal ein Bauchröllchen erlaubt ist. In ihr Gesicht ist nicht das manische Animatoren-Lächeln gemeißelt, bei dem alle Zähne zu sehen sind – aber um ihre Augen sind kleine Lachfältchen, was sehr freundlich aussieht.

Sie ist ganz in Blau gekleidet, an den Ohren hängt etwas Silberschmuck – ganz klar: So hat eine Yogalehrerin auszusehen. Meine Sorge, Opfer einer dieser 4-Wochen-Intensiv-Ausbildungs-Yogalehrer zu werden, ist ebenfalls unbegründet:

»Ich mache seit 30 Jahren Yoga und unterrichte seit 27 Jahren«, sagt sie zu Beginn. Sie sitzt vor uns auf ihrer Matte. *Komisch*, fällt mir da auf, *bei jedem Gruppen-Kurs bis jetzt blieb immer ein gleich bleibend großer Halbkreis vorne vor dem Vorturner frei.*

»Lustig«, sagt Christine in diesem Augenblick, »in jedem Kurs bleibt immer dieser Platz frei«, und deutet vor sich. *Alles klar*, denke ich mir, *die Frau in Blau, die nehme ich.*

Die Frau in Blau heißt Christine Ranzinger.

»OM«, brumme ich zusammen mit den Yoga-Kollegen und Christine. OM spielt zwar in einer Liga mit Räucherstäbchen und Henna, aber man will ja nicht gleich zu Beginn unangenehm auffallen, also omme ich. »Socken aus«, befiehlt mir die blaue Frau, »dann hast du einen besseren Halt.« Und noch bevor ich dazu komme mir zu überlegen, warum ich einen besseren Halt brauche, sitze, stehe und liege ich in den verschiedensten Positionen auf meiner Matte und versuche, den Kopf zu den Füßen, die Knie hinter die Ohren oder die Schultern nach unten zu bekommen. Ich werde abwechselnd zum Baum, zum Hund, zu einer Kobra und zu einer wirklich erbärmlichen Heuschrecke. Ich sitze in einer absurden Stellung auf dem Boden und versuche mich so weit wie möglich um mich selbst zu drehen. »Lustig«, höre ich Christina wieder sagen, »immer ist die eine Hälfte beweglicher, die andere hat dafür mehr Kraft.«

Saulustig, denke ich, während ich mich so weit drehe, dass ich den verdrehten Oberkörper meines Hintermanns sehen kann. Dann spüre ich Christine an meiner Seite. »Mit beiden Sitzknochen auf dem Boden bleiben«, sagt sie. »Darf ich?« Und schon dreht sie meinen Oberkörper viel weiter um meine Achse, als ich es für möglich gehalten hätte. So soll sich das also anfühlen. Herrje! Bei einer der nächsten Übungen, der »Stehenden Vorwärtsbeuge« (bei der man sich, Sie werden es nicht glauben, stehend nach vorne beugt) höre ich das erste Mal seit Start des Fitnessprojekts den wunderbaren Satz:

»Es ist nicht schlimm, wenn es nicht geht.«

Das muss erst mal, langsam wie Öl, bei mir einsickern. Es ist nicht schlimm, wenn es nicht geht! Ist das nicht wunderbar? Es gilt gar nicht, etwas zu erreichen. Es wird mir niemand nach der Stunde einen goldenen Pokal überreichen, wenn ich mich einmal komplett um meine eigene Achse selbst drehen könnte. Um was geht es dann?

»Es ist nicht wichtig, wie weit ihr hinunterkommt«, sagt Christine in diesem Moment, »spürt stattdessen die Dehnung, merkt, wie sie sich anfühlt.« So ist das im Yoga. Das Jetzt ist wichtig. Der Weg, nicht das Ziel, denn der Weg ist das Ziel.

Wahnsinn, oder? Fehlen nur noch die Räucherstäbchen.

Während wir uns drehen und beugen, geht die Frau in Blau zwischen uns herum und dreht, kippt und schiebt unsere Körper in die richtige Position. Sie spricht hie und da ein paar aufmunternde Worte und es ist das erste Mal, dass ich bei einem Trainer oder einer Trainerin nicht versuche zu schummeln, um es mir bequemer zu machen. Ich will es richtig machen! Wir machen Übungen, um »das Herz zu öffnen«, wie Christine sagt, außerdem sollen wir lächeln, das fördert die Produktion von Glückshormonen.

Nach einer Stunde wird noch gedehnt und dann entspannt, dafür begeben wir uns in die Totenstellung, die ich sofort mühelos hinbekomme: auf den Rücken legen und alle viere von sich strecken. Wir sollen in unseren Körper hineinspüren, sagt sie, die Augen schließen, und dann sagt sie etwas, das mir sofort die Haare zu Berge stehen lässt:

»Ich werde jetzt ein Mantra singen.«

Wäre ich nicht so wahnsinnig entspannt und friedlich und außergewöhnlich wohlwollend in diesem Moment, ich steckte mir sofort die Zeigefinger in die Ohren und riefe mit geschlossenen Augen: »Neinneinneinneinneinneinneinneinnein…!«

Mantras! Mantras singen geht gar nicht, Mantras singen ist ungefähr so schlimm, wie in energetisiertem Wasser ertränkt zu werden. Das bringt noch nicht mal Anne, und die hält es immerhin für möglich, dass man sich von Licht ernähren kann!

Und dann passiert etwas wirklich Eigenartiges. Ich weiß nicht, woran es liegt, aber es ist mir ein bisschen unangenehm und es wäre mir recht, wenn Sie den folgenden Absatz etwas schneller lesen:

Christine fängt an, eine fremdartige Melodie zu singen, mit Worten, die sich anhören, als wären sie nicht von dieser Welt. Sie hat eine schöne Singstimme, die mir fast den Atem nimmt. Zuerst bin ich erstaunt, dann muss ich lächeln und schließlich ist es so unfassbar schön, dass mir vor Glück das Herz überläuft und mir ein paar Tränchen in die Augen schießen. So, jetzt ist es raus. Sprechen wir nicht mehr davon.

»Du hast geheult? Bist du dir sicher? Ich meine, echt?« L. ist sichtlich besorgt, als ich ihm von meiner ersten Yogastunde erzähle. Er nimmt mich in den Arm und streichelt mir über den Kopf. »Aber warum denn?«, fragt er. Ich drücke meine Nase an seine Brust. »Weil sie Mantras gesungen hat«, antworte ich und L. nickt: »Kein Wunder! Warum bist du nicht einfach gegangen?« Ich drücke mich noch etwas fester an ihn: »Es war total schön, darum hab ich geheult!«

»Du!«, sagt L., packt mich an den Oberarmen und hält mich ein Stück von sich weg. »Wer bist du – und was hast du mit meiner Freundin gemacht?«

Ich verdrehe die Augen und trete kraftlos in seine Richtung. »Sehr witzig, ich will nichts mehr davon hören.« Das half aber natürlich überhaupt nichts und wenn L. mich ärgern will, dann fängt er in den banalsten Situationen zu schluchzen an. Zum Beispiel in der Obstabteilung im Supermarkt, »weil die Äpfel so schöhöhön sind«. Der Arschkrapfen.

Christine unterrichtet und bildet aus, und zwar in einer von ihr kreierten Disziplin, die sie Wellness-Yoga genannt hat.[32] Es hat etwas zu tun mit chinesischer Medizin und Meridianen, Chi und Chakren, fragen Sie mich nicht, fragen Sie lieber sie: www.yogashakti.de

Außerdem gibt sie Kurse in Luna- und Yin-Yoga, sie hat ihr Studio in München und gibt Stunden bei Fitness First.

Wie funktioniert es?

Das eigentliche Ziel des Yoga ist innere Zufriedenheit und Gelassenheit. Unter dem Fitness-Aspekt ist Yoga ein Ganzkörpertraining, das die Muskulatur stärkt und dehnt und den Gleichgewichtssinn fördert.

Was kostet es?

Den monatlichen Beitrag, falls Sie einen Kurs besuchen, der in Ihrer Fitnessstudio-Flatrate enthalten ist. Das Ambiente dort ist in der Regel auch eher sportlich gehalten. Reine Yogastudios oder freie Lehrer sollten Sie sich vorher ansehen, damit Bedürfnis und Angebot der nicht-sportlichen Aspekte einigermaßen übereinstimmen.

Probestunden kosten zwischen 8 und 10 Euro, hie und da sind sie sogar kostenlos. Einzelstunden schwanken zwischen 13 und 50 Euro und die Teilnahme in der Gruppe kostet 12 bis 15 Euro, wobei bei den meisten Gruppenkursen ein Paket von Stunden erworben werden muss. Die Stunde dauert einschließlich Entspannung oftmals 90 Minuten. Eine eigene Yogamatte macht um die 15 Euro. Die meisten Krankenkassen übernehmen übrigens

---

32   Gibt es auch als Buch: *Wellness-Yoga - nach Christine Ranzinger ® – Wohltuende und stärkende Übungen nach den Fünf Elementen*, ISBN: 978-3-84341-016-8, Schirner Verlag

zwischen 80 und 100 Prozent der Kosten, die Anbieter müssen allerdings bestimmten Qualitätsanforderungen genügen. Vereinzelt erstatten sie sogar Kurse in ausgesuchten Hotels im In- und Ausland.

Aufwand

Man muss hin, man muss wieder nach Hause. Erfahrene Yogis können die Übungen allerdings auch selbstständig zu Hause machen.

Für wen?

Yoga kann jeder machen, da die Ausführung der Übungen persönlich angepasst werden kann. Wer schmerzende Gelenke oder sonstige Beschwerden hat, kann auf sanfte Variationen ausweichen. Ein Vorwissen, Sportlichkeit oder Gelenkigkeit sind nicht vonnöten. Bei Bandscheiben- und Rückenproblemen den Arzt fragen.

Wer macht denn so was?

Viele Frauen, wenig Männer, etwa 80 zu 20.

Vorteile

Es soll gut sein gegen die verschiedensten gesundheitlichen Probleme wie Durchblutungsstörungen, Rückenschmerzen, chronischen Kopfschmerzen, Schlafstörungen und soll sogar gegen Depressionen und Angstzustände helfen. Gleichzeitig hat es oft eine beruhigende und ausgleichende Wirkung auf Fusselhirne.

Nachteile

Man schwimmt voll im Trend und Männer könnten bemängeln, dass die Fülle der Yoga-Produkte auf Frauen zugeschnitten ist – vermutlich wird der erste Hersteller einer 4 Kilo schweren, pechschwarzen Yogamatte für Herren steinreich. Außerdem ist die Welt des Yoga ein ziemlich undurchsichtiges Feld, auf dem jeder Lehrer, jedes Zentrum und jeder Schüler stets als Einziger weiß, wie alles wirklich ist. Das geht ein bisschen auf die Nerven. Ich möchte an dieser Stelle betonen, dass dieses Kapitel Yoga so zeigt, wie es sich mir präsentiert hat, dies schließt selbstverständlich ein, dass es bei Ihnen vielleicht einen ganz anderen Eindruck gemacht hat, macht oder machen wird.

KRAV MAGA

»Weißt du, was gerade total angesagt ist?«, fragt Jana an diesem Mädchen-Abend, während Anne und ich in unserer Küche Limetten klein schneiden und auf die Gläser verteilen. »Dackel?«, frage ich zurück und quetsche mit einem Stösel auf den armen Zitrusfrüchten herum.

»No, Señora«, sagt Jana, die neben uns auf der Spülmaschine sitzt und die Füße baumeln lässt. »*Krav Maga* ist gerade total angesagt.«

»Graf wer?« Irritiert halte ich inne. »Krav Maga, das ist Hebräisch für ›Nahkampf‹«, sagt Jana und lässt braunen Zucker von oben in die Gläser rieseln. Ich sehe sie verwundert an. »Woher weißt du denn so was?« Jana zuckt mit den Schultern. »Keine Ahnung, das habe ich irgendwo gelesen.«

»Habe ich auch schon gehört, so eine Art Kampfkunst soll das sein, die man total schnell lernen kann«, schaltet sich Anne ein und füllt vorsichtig zerkleinerte Eiswürfel in die Gläser, die sie mit Schnaps auffüllt. »Fertig!«

Als L. an diesem Abend in die Küche kommt, ist Jana gerade dabei, Anne einen tollen Schulterwurf zu zeigen, den ihr ein Karate-Judo-Ju-Jutsu-Exfreund mal beigebracht hat. Leider ist die Lektion aber schon länger her und die beiden rangeln noch um ein Unentschieden. L. bleibt lieber in der Türe stehen. »Komm ruhig rein«, winke ich L. zu, »die Prinzessinnen sind gleich fertig!« L. drückt sich an dem kämpfenden Knäuel vorbei zum Küchentisch. »Stress im Königshaus?«, fragt L. und lässt sich neben mich auf einen Stuhl fallen. »Nö«, antworte ich und schlürfe den Rest meines Cocktails durch den Strohhalm, »wir üben für Krav Maga, das probiere ich als Nächstes.« Jana und Anne haben das Kämpfen inzwischen eingestellt, setzen sich zu uns und streichen sich die Haare glatt. »Toll«, sagt L. und schlägt die Hände über dem Kopf zusammen, »du lernst Verdreschen beim Mossad!«

Der Wochenend-Crashkurs, den ich besuchen werde, findet im Krav Maga Center München statt:

Es verfügt über eines der erfahrensten Instruktoren-Teams deutschlandweit und ist Mitglied des KMG (Krav Maga Global, der renommiertesten Krav-Maga-Organisation). Das Tollste ist aber, dass auf der Website vier von sechs Instruktoren »aus beruflichen Gründen« kein Foto neben ihrem Namen stehen haben. Das Center ist außerdem auf einem gesicherten Industriegelände untergebracht und in meiner Anmeldungsbestätigung bekomme ich einen Code genannt, den ich brauche, um durch das Drehkreuz zu gelangen. Es ist alles so – geheimnisvoll! Ich soll einen Tief- oder Mundschutz mitbringen, falls ich so etwas besitze, und in meinem Führungszeugnis sollten keine Gewaltdelikte auftauchen. Der Online-Fragebogen der Anmeldung will unter anderem wissen, warum ich Krav Maga trainieren will. *Gewalterlebnis* kreuze ich an, denn das klingt am besten, und bin gespannt.

Samstagmorgen um zehn stehe ich mit noch zwei Frauen zwischen 25 Männern in einem großen, lichten Trainingsraum mit Spiegelwand und Parkettboden. Von 20 bis 50 Jahren ist alles dabei, aber man sieht schon: die meisten haben Erfahrung mit Kampfkunst. Ju-Jutsu, Karate, Taekwondo, irgendwo müssen die alle ja auch ihre V-förmigen Körper herhaben. Vor uns stehen die zwei Instruktoren, Florian Peter und Andreas Janus, die überhaupt nicht so aussehen, als könnten sie irgendjemandem etwas zuleide tun. Der geheimnisvolle Florian Peter, dessen Foto nicht erscheinen darf und neben dessen Namen Dinge stehen wie *Military Krav Maga Instructor* und *Special Unit Krav Maga Instructor*, den hätte ich mir irgendwie – größer vorgestellt. Ich bin mir auch nicht sicher, ob er überhaupt so viel wiegt wie ich, und mordsmäßige Muskeln kann ich auch nicht erkennen, dafür aber ein hübsches Grübchen.

Wir sollen bei den Übungen zu zweit gut aufpassen, sagt Florian in seiner Begrüßungsansprache. Wir sollen die Schläge vor dem Auftreffen stoppen. Der Partner leiht uns schließlich seinen Körper als Trainingsgerät und was man ausleiht, gibt man unbeschädigt zurück. Er sagt auch: Lasst das Blut *im* Körper! Mag sein, dass das Spaß ist, er lacht zumindest dabei, aber sicherheitshalber schiebe ich mich hinter der Reihe aus hochgewachsenen Jungs in die Nähe eines zierlichen Mädchens Anfang 20. Das Aufwärmen erledigen wir mit einem Spiel. Dabei muss man versuchen, die anderen wie beim Fangenspielen an Kopf, Schulter, Knie oder Fuß zu berühren und gleichzeitig nicht berührt zu werden, woraufhin sich die gesamte Truppe wie durch eine Art Rückführung in eine tollende Kindergartenklasse verwandelt. Ab diesem Moment riecht es im Raum eindeutig nicht nach Rosen.

»Was ist der häufigste Angriff?«, fragt Andreas, als wir alle pumpend und außer Atem wieder in der Reihe stehen. *Beleidigung,* geht mir durch den Kopf, aber nein. »Der Schwinger!«, löst er die Frage auf und wir lernen nun, Schwinger abzublocken und gleich noch eine hinterherzusemmeln. Mit der Faust ins Gesicht. Wir lernen auch, das eigene Knie möglichst schmerzhaft im gegnerischen Gemächt unterzubringen und vor dem Weglaufen die Umgebung zu scannen, ob nicht die Kumpels von unserem Spezi im Anmarsch sind oder ob wir, statt in Richtung Ausgang, in Richtung sicherer Tod stürzen. Alle Übungen werden von Florian und Andreas vorgemacht und die Männer zucken kollektiv zusammen, als Florian seinen Andreas abgebremst, aber doch zwischen die Beine trifft. »Guckt nicht so mitleidig, der hat einen Tiefschutz an«, heißt es und es werden an diesem Tag noch viele, viele Witze über Tiefschütze fallen. Gott, Jungs halt.

Die Bewegungen werden von uns einzeln und schließlich mit Partner geübt. Das Mädchen und ich versuchen abwechselnd, von allen Seiten bei der anderen einen Treffer zu landen, aber wir blocken beide wie die Weltmeister. Leider ist an dieser Block-Stelle, nämlich am unteren Drittel des Unterarms an der Innenseite recht wenig Haut über ziemlich harte Knochen gespannt und innerhalb weniger Angriffe sehen wir aus wie ein paar Junkies, die zu doof sind, ihre Armbeuge zu finden: alles knallrot.

»Es kann immer auch sein, dass euer Gegner bewaffnet ist«, sagt Andreas, während Florian mit einem Messer auf ihn zugeht. »Hier ist es hell erleuchtet, aber in einer Kneipe oder Disco oder nachts auf der Straße könnt ihr das nicht erkennen – außerdem geht der Trend zu schwarzen Messerklingen, die sieht man noch schwerer!«

Die Jungs gehen definitiv in andere Kneipen als ich, denke ich. *Da, wo ich hingehe, geht der Trend höchstens zur Zweit-Brosche. Oder zu Baumwoll-Acetat statt Kunststoff.*

Wir lernen auch mit der Faust oder dem Fuß richtig zuzuschlagen, in Schlagkissen, die sich unser Partner vor den Körper hält, und ich speziell lerne, meinen Daumen nicht in meiner Faust zu verstecken beim Schlagen, weil ich mir sonst nämlich den Daumen verletzen würde, ich Hornochse.

»Ihr müsst lernen, mit der Aggressivität des Gegners umzugehen«, erklärt Andreas. »Es wurden schon die besten Kampfkunst-Meister von irgendeinem Idioten in der Kneipe umgenietet. Nicht, weil sie ihre Techniken nicht beherrschten, sondern weil ein Training in sportlicher Atmosphäre in der erleuchteten Halle etwas anderes ist, als wenn dir plötzlich ein aggressiver Spacken auf der Toilette den Weg versperrt. Das ist eine Stresssituation, ihr habt Angst, und das sind die Bedingungen, unter denen ihr agieren müsst.«

In Fortgeschrittenenkursen werden deshalb gezielt Rollenspiele gemacht oder der Trainer schickt jemanden einmal um den Block, wo er zuvor ein paar Leute positioniert hat, die einen dann angreifen. Oder auch nicht. Vielleicht wird man auch nur angerempelt und laut nach der Uhrzeit gefragt – die Kunst ist es auch, Situationen richtig einschätzen zu können. Wir Anfänger werden unter Stress gesetzt, indem wir bei brüll-lauter Metal-Musik auf unsere Schlagkissen eindonnern müssen, während unsere beiden bis dato recht reizenden Trainer uns anschreien: »LOS! SCHNELLER! WIRD'S BALD! …«, und zwar bis uns fast die Kräfte verlassen. Wenn die Musik dann ausgeht, müssen wir mit geschlossenen Augen still stehen und werden von unserem Partner angegriffen. *Drill* nennen Andreas und Florian das, und es ist höllisch. In späteren Kursen machen sie auch einfach mal das Licht aus, setzen eine Nebelmaschine ein oder Stroboskop-Licht. Das möchte ich mir noch nicht mal vorstellen.

Als wir in der Pause fix und fertig alle im hübschen Aufenthalts-raum-Café sitzen und ich an meiner Butterbreze kaue, erzählt Florian von sich und seinem Krav Maga Center. Er arbeitet bei einer Behörde, ist also ein Beamter (und, by far, attraktiver als das Wort »Beamter« assoziiert) und somit nicht auf die Schule als Ein-nahmequelle angewiesen. »Wer Stunk macht oder Gewaltdelikte im Führungszeugnis stehen hat, also wer ein Arschloch ist, wird abgelehnt. Wir sind ja nicht bescheuert und bilden diejenigen aus, gegen die wir uns zur Wehr setzen müssen.« Florian bildet nicht nur Zivilisten, sondern auch Militär und Spezial-Einsatzkräfte aus, allerdings mit anderen Schwerpunkten. »Es wollen zwar immer wieder Zivilisten die Military-Variante lernen, aber im Ernst: Wel-cher Zivilist muss schon wissen, wie man lautlos einen Wachmann umbringt oder sich im Angesicht einer Handgranate verhält?«

Stimmt, überlege ich, *mir fällt keine einzige Situation in meinem Leben ein, in der ich das schon mal gebraucht hätte.* Ich weiß ja noch nicht mal, wie ich mich im Angesicht eines Zeugen Jehovas verhalten soll.

»Selbstverteidigung ist mit Blut, Lärm und Schmerzen verbun-den«, sagt Florian. »Es ist wichtig, dass ihr das lernt. Dies hier ist das effektivste, erprobte Nahkampfsystem. Ihr sollt euch nicht nur verteidigen, ihr sollt auch dafür sorgen können, dass der Geg-ner so platt ist, dass er euch nicht hinterherkommt. Wir kontern jeden Angriff vier- bis sechsmal, zu relevanten Zielen. Wer weiß, welche das sind?«

»Gesicht!«, ruft einer von hinten. »Ja, Gesicht ist gut, Nase, Au-gen, ist alles super!« Super sind auch noch, erfahre ich: Genita-lien (ganz große Klasse), Hinterkopf und, wenn man hinkommt, Leber und Milz. Das Knie hingegen nur, wenn man möchte, dass der Gegner ein Leben lang was davon hat.

Nach der Pause wärmen wir uns wieder auf, diesmal mit dem Zombie-Spiel: jeweils vier, fünf »Zombies« gehen stupide mit ausgestreckten Armen auf ein »Opfer« zu. Das Opfer darf nicht kämpfen, sondern darf nur wegtauchen und die Arme der Zombies ablenken. Ein tolles Spiel, aber was Florian und Andreas nicht wissen: Ich bekomme da Panik. An dieser Stelle ein Tipp an alle Eltern: Lasst eure Kinder nicht nachts allein zu Hause, wenn ihr nicht ganz sicher seid, dass sie sich nicht ins Wohnzimmer schleichen, um fernzusehen. Zumindest nicht, wenn *Die Nacht der Lebenden Toten* kommt. Also sehe ich mir das Spiel vom Rand aus an. Von hier aus sieht es sehr lustig aus und erinnert mich irgendwie an meine Teenagerzeit, als ich mal mit einem viel zu kurzen Kleid in einer Dorfdisco war.

Als Nächstes lernen wir, uns aus einem Schwitzkasten zu befreien. Dazu muss man, einmal in selbigem gefangen, ruckartig am Klammergriff des Angreifers reißen und ihm mit dem Arm, der ihm am nächsten ist, in den Sack klapsen, über seinen Kopf unter seine Nase fassen und seinen Kopf nach hinten biegen. Dabei kann man sich wunderbar aufrichten, während der andere zu Boden geht. Ich möchte zwar ungern anderen Leuten unter die Nase fassen, aber bitte. Das Mädchen und ich fangen an zu üben.

»Möchtest du gerne zuerst in den Schwitzkasten?«

»Oh danke, gerne.« Vorsichtig lege ich meinen Arm um ihren Hals und in Zeitlupentempo legt sie mich sanft zu Boden, hält mich aber fest, damit ich nicht so aufknalle.

»Habe ich dir wehgetan?«, fragt sie und hilft mir hoch.

» Nein, ist schon gut«, antworte ich und wir tauschen Rollen. So wird das natürlich nichts mit dem Aggressivitätstraining. Florian sieht das wohl auch so, denn nachdem er uns zugesehen hat, ruft er plötzlich:

»Alle mal herhören! Tauscht jetzt mal bitte eure Partner!« Ich drehe mich um und vor mir steht ein Albtraum: eine Mensch gewordene Bulldogge, dreimal so breit wie ich, mit rasierter Glatze und Stiernacken. Er streckt seine Hände nach mir aus und reißt dabei den Mund auf: »AAAARRRRRRRGGGGGGHHHHHH!« Gerne würde ich an dieser Stelle erzählen, wie ich ihn souverän auf den Boden gelegt habe und wo ich dann überall hingetreten habe. Tatsächlich jedoch bin ich völlig unsouverän unter lautem Quietschen quer durch die Halle gerannt. Was zumindest einen verblüfften Gesichtsausdruck seitens der Bulldogge sowie Gelächter und Schenkelklopfen bei allen Anwesenden auslöste.

Diese Aggressivität, von der immer alle sprechen, die ist gar nicht so einfach zu generieren.

Wir lernen an diesem Wochenende noch unsere Wahrnehmung zu trainieren, dass weglaufen – solange möglich – hervorragend ist und dass verbale Deeskalation mehr etwas mit Höflichkeit zu tun hat als mit »Lass mich in Ruhe, du Wichser«. Wir lernen, wie wir uns verhalten, wenn wir unter einem Gegner am Boden liegen, und ein paar Gesetze zum Thema Notwehr, die sich in etwa so zusammenfassen lassen: Man darf keine Leute verdreschen. Wir bekommen auch Gummi-Messer in die Hand und dürfen paarweise üben, dem anderen das Messer abzunehmen und ihn unschädlich zu machen. Als Florian sieht, wie wir alle nach der Übung unserem Partner freundlich lächelnd das Messer zurückreichen, greift er ein. »Gebt im Training nie jemandem die Waffe in die Hand!« Was ihr im Training macht, macht ihr im realen Leben«, sagt er eindringlich und erzählt von einem Polizisten, der in der Ausbildung unzählige Male mit seinem Partner das

Entwaffnen einer Pistole geübt hatte. Er hatte die Technik super drauf und nach jedem erfolgreichen Entwaffnen und Sichern entsicherte er die Waffe wieder und gab sie an seinen Partner zurück. Ja, genau. Es ist genau das passiert, was Sie denken. Er hat nach einem Überfall exakt den gleichen Bewegungsablauf ausgeführt wie im Training und dem verdutzten Räuber eine entsicherte Knarre in die Hand gedrückt.

Als wir am Ende der zwei Tage nach dem Training in dem Aufenthaltsraum-Café noch ein bisschen zusammensitzen, muss ich Florian etwas fragen, das mir schon die ganze Zeit unter den Nägeln brennt. Ich deute auf ein Plakat hinter ihm, das ein einwöchiges Krav-Maga-Seminar in Israel bewirbt. »Kommt man nicht automatisch zur Israelfrage, wenn man sich mit Krav Maga beschäftigt?«

Florian winkt ab. »Politik hat bei uns nichts verloren.«

Aber wenn ich es mir recht überlege, ähnelt Krav Maga in gewisser Weise durchaus der israelischen Außenpolitik: Wahnsinnig effektiv, aber nicht unbedingt schön anzusehen.

Wie funktioniert es?

Krav Maga ist, wie andere Arten von Kampfkunst oder -sport, eine Mischung aus Ausdauer- und Krafttraining und ein effektives Selbstverteidigungssystem. Die Merkmale von Krav Maga treten am deutlichsten zutage, wenn man einen Vergleich zu anderen Kampfkünsten herstellt:

- Im Gegensatz zu den klassischen Hui-Buh- und Kung-Fu-Künsten ist Krav Maga »nicht künstlich«, das bedeutet, es ist ein erprobtes, aktuelles und angewandtes Nahkampfsystem.

- Die Technik ist so einfach und effektiv wie möglich, dafür wurden die Bewegungsabläufe auf Basis unserer natürlichen Reflexe weiterentwickelt.
- Es gibt Rollenspiele, Parcours und es wird auch mal draußen mit Winterjacke und dicken Schuhen trainiert, um so nahe an realistischen Situationen zu bleiben wie möglich.
- Man lernt, Dritte zu beschützen.
- Es wird die zur Verteidigung notwendige Aggressivität gefördert.
- Kein Klimbim: Keine Rituale, tänzelnde Schritte und Verbeugungen vor dem Gegner, keine Ehrerbietung vor einem Meister und keine fernöstlichen Philosophien. Man lernt nur Abwehr und simultanen Gegenangriff – und einzuschätzen, wann man sie braucht. Fertig.

Was kostet es?

Das kommt darauf an, welchen Kurs man besucht und wie lange der dauert. Das reguläre Training (findet viermal die Woche statt) kostet für Mitglieder ungefähr so viel wie ein Fitnessstudio-Beitrag.

Aufwand

Hin- und Rückweg zum nächsten Krav Maga Center. Obacht: Krav Maga ist kein geschützter Begriff, da es tatsächlich nur »Nahkampf« oder »Kontaktkampf« auf Hebräisch heißt. Informieren Sie sich, wer Ihre Ausbilder sind und wo, bei wem und wie lange die gelernt haben. Ein Qualitätssiegel ist die KMG, die Krav Maga Global.

Für wen?

Im Prinzip ist Krav Maga für alle Sporttauglichen geeignet. Wer körperlich eingeschränkt ist, macht mit, soweit er kann.

Wer macht denn so was?

Viele (recht flotte) Männer (75 Prozent) und weniger Frauen. Es gibt auch Kurse speziell und ausschließlich für Frauen sowie Kurse für Kinder. Keine Sorge, die Kinder lernen dort nicht, andere Kinder zu verkloppen, sondern werden für die Gefahren des Alltags gerüstet: Strom, Straßenverkehr, Messer, Gabel, Schere, Licht, Sie kennen das. Florian erzählt mir, dass auch Soldaten zu ihm kommen, Sanitäter, die sich vor randalierenden Idioten schützen müssen und: viele Polizisten! Weil, und das finde ich erstaunlich: Die lernen Nahkampf nur in ihrer Ausbildung und danach nie wieder! Wahnsinn, oder? Es gibt auch spezielle Polizeibeamten-, Militär- und Special-Unit-Kurse, aber ohne Nachweis, dass Sie irgendwas davon sind, kommen Sie da nicht rein.

Vorteile

- Das Training ist zwar anstrengend, aber der Fokus ist nicht auf die Anstrengung gerichtet, sondern darauf, keine aufs Maul zu bekommen. Man ist also abgelenkt.
- Man ist sicherer in Gefahrensituationen, was sich auch positiv auf die Selbstsicherheit generell auswirkt.
- Man wird wachsamer.
- Es ist schnell zu lernen: zwei, drei Monate in etwa.
- Man kann seinem Liebsten drohen.

Nachteile

- Man wird permanent angegriffen.
- Es kann einen schon mal ordentlich auf die Schnauze hauen.

L. sieht am Sonntagabend auf meine Unterarme, auf denen das Rot allmählich einem hübschen Marineblau weicht. »Mensch, das sieht ja wild aus. Willst du das echt weitermachen?« Ich lege meinen Kopf an seine Schulter. »Ich weiß nicht. Es kommt mir komisch vor, in meiner Freizeit wo hinzugehen, wo ich ständig angegriffen werde – andererseits hätte ich endlich eine reelle Chance, dich zum Müll-Raustragen zu zwingen!« L. guckt mich fragend an. »Aus Angst?«

»Nein«, schüttle ich den Kopf und strecke ihm meine rot-blauen Unterarme entgegen, »aus Mitleid!«

VOLLEYBALL

»Im Verein? Ich gehe doch nicht in einen Verein!«, entrüste ich mich. Anne hat mir gerade von ihrer Arbeitskollegin erzählt, die seit Jahren begeistert *im Verein* Volleyball spielt. Volleyball an sich klingt gar nicht schlecht, ich kann mich erinnern, dass das in der Schule Spaß gemacht hat – aber *im Verein?*

Ich war für ein anderes Projekt vor Jahren schon mal mit meinem Freund Stefan in seinem Sportverein. Zumindest wollte ich in den Verein, aber zuerst lernte ich die *anderen vom Verein* kennen, beim Griechen um die Ecke. Da schafften sich alle nach dem Training mit Bieren und der Platonplatte die verbrauchten Kalorien wieder drauf. Stefan erklärte mir später, wer von den Spielern blöd, nett oder langweilig sei und auf meine Frage, warum er sich mit blöden und langweiligen Leuten treffe, antwortete er: »Die sind halt im Verein.« Was passieren würde, wenn ich jetzt nach dem Spiel nicht zum Griechen um die Ecke wolle? »Nee, das würde nicht gehen«, sagte Stefan. »Das ist schließlich Tradition.«

So viel zu *Vereinen.* Ich denke bei Vereinen an Vereinsheime, Gartenzwerge, Kleingartensiedlungen und, dank Stefan, an griechisches Essen.

Aber die Idee mit dem Volleyball gefällt mir wirklich gut. »Ich weiß nicht«, sagt Jana, als ich ihr von der neuen Idee erzähle.

Wir sitzen im Café Einstein und sie schleckt den Schaum von ihrem Milchkaffeelöffel. Dann richtet sie ihn auf mich, wie einen Zeigefinger: »Bei Volleyball denke ich an Turnbeutel, schmerzende Knie und daran, dass mich das gegnerische Team immer so gerne angespielt hat, weil ich die Schwächste im Team war.« »Stimmt«, nicke ich, »und manchmal haben einen die anderen im Team angemacht, weil sie sauer waren, dass man einen Ball nicht gekriegt hat.« Jana legt den Kopf schief. »Es gibt doch letztendlich bei all diesen Ballsportarten genau drei Typen Mensch. Es gibt die, die befürchten, dass der Ball explodiert, wenn sie ihn berühren, die versuchen, möglichst nicht in seine Nähe zu kommen. Dann gibt es die, die permanent den Ball haben und deren Augen sagen: *Kann sein, dass DU explodierst, wenn ich DICH mit dem Ball berühre.* Und dann gibt es diesen großen Rest, der sich irgendwo zwischen diesen beiden bewegt und versucht, Erstere nicht zu erschrecken und Zweiteren aus dem Weg zu gehen.«

Jana legt ihren Löffel wieder auf die Untertasse wie ein Richter seinen Hammer auf den Tisch und fällt den Urteilsspruch: »Ich find's doof.« Wer hätte das geahnt.

Ich find's aber gar nicht doof und mache mich mit meinem Freund Google auf die Suche nach einem geeigneten Verein. Was ich finde, ist der ESV München e. V.[33] Er wurde 1924 als »Eisenbahner-Sportverein« gegründet und das klingt genau so, wie ich mir einen Verein vorstelle. Anscheinend haben sich die Eisenbahner seit 1924 ordentlich ins Zeug gelegt, denn als ich die Abteilung Volleyball suche, finde ich auch: Aikido, Kendo, Badminton, Basketball, Berg- und Skisport, Fitnessstudio,[34] Fußball, Handball, Hockey, Ju-Jutsu, Judo, Kanu, Karate, KISS, Leicht-

---

33   www.esv-muenchen.de
34   darin enthalten sind Pilates, Yoga, Bauch-Beine-Po, Cycling, Qigong, Zumba, Wirbelsäulen-Gymnastik, Senioren-Programme …

athletik, Modern Arnis, Reha, Stockschießen, TanzGymnastik, Tanzsport, Tennis, Turnen und: Volleyball.

Bei KISS handelt es sich im Übrigen nicht um die Musikgruppe, der man hier etwa beitreten könnte, sondern um die *KinderSportSchule*. Stattfinden wird mein Volleyball im Sportpark Nymphenburg – das wiederum klingt überhaupt nicht so, wie ich mir meinen Verein vorstelle. Ich sah mich in einem Sechzigerjahre-Betonklotz mit angeschlossenem Vereinsheim und Gaststättenbetrieb für die Verköstigung. Komplett mit karierten Deckchen auf rustikalen Holztischen, den kleinen Ständern für die Bierdeckel und dem Maggi-Fläschchen in der Mitte.

Der Sportpark Nymphenburg hat wahrscheinlich keine Maggi-Fläschchen. Dafür hat er, laut Google: ein Sporthallengebäude mit Dreifachsporthalle, einen Judosaal, einen Reha-Raum, Gymnastikräume, einen Tanzsaal, Geschäftsräume, ein Restaurant (kein Grieche), fünf Fußballplätze, davon einen hochwertigen Kunstrasenplatz mit Trainingsbeleuchtung, eine weitläufige Tennisanlage mit eigener Gastronomie, ein beleuchtetes Kunststoffspielfeld für Basket- bzw. Handball, eine eigene Beach-Sportanlage, drei Stockbahnen, eine LA- und eine Hockeyanlage. Frage Sie mich nicht, was eine LA-Anlage ist, ich weiß es nicht.

Ich mache mir zumindest keine Sorgen, den ESV zu übersehen. Und Tatsache: Als ich am Sportpark ankomme, erstreckt sich ein riesiges Gelände und ein modernes Gebäude mit viel Glas, ebenso neu wie die luxuriösen Wohnanlagen und der Park drum herum. Leise pfeife ich durch die Zähne. Sieht nicht schlecht aus. Schön: Ich kann einfach so reingehen. Tür auf, eintreten, Tür wieder zu. Ich brauche kein Plastikkärtchen, keine Gästekarte, ich muss mich nicht ausweisen, keinen Gutschein einlösen, keine

Tageskarte unterschreiben lassen oder irgendetwas in der Richtung. Auf der Website stand nur:

Einfach vorbeikommen.
Wir freuen uns auf Dich!

Ist das nicht hinreißend?

Als ich eintrete, stehe ich direkt auf einer Galerie, von der aus man auf die Sporthalle hinuntersehen kann. »Hallo, wo geht's denn hier zu den Volleyballern?«, frage ich einen jungen Typen mit Sporttasche. Der zeigt auf das Spielfeld unter uns. »Direkt hier, ist aber noch ein bisschen früh.« Als ich mich dankend wegdrehe, sagt er noch: »Die da draußen auf den Stufen sitzt, das ist auch eine Volleyballerin!«

Ich sehe durch die Glastür nach draußen: meine erste Vereinskollegin! Die guck ich mir doch genauer an. Ich gehe die Stufen runter, drehe mich zu ihr und vor mir sitzt: ein Hippie! Der Hippie sieht Pippi Langstrumpf ähnlich, er ist weiblich, Ende 20, hat Dreadlocks bis zum Hintern und raucht eine selbst gedrehte Zigarette. »Hi«, sage ich und frage lieber noch mal nach: »Du bist hier beim Vereinsvolleyball dabei?« Sie lächelt mich an. »Ja, ich bin bei Exzentrisch-Schüchtern-Vogelwild.« Daraufhin muss ich sie einigermaßen belämmert angestiert haben, weil sie sofort erklärt: »Das ist der Name unserer Mannschaft, es gibt hier sechs Freizeit-Teams, die Foxmasters, die Simpsons ...«, Langsam begreife ich und nicke: »... Und die Vogelwilden.«

»Genau!«, strahlt sie mich an und hält mir eine ihrer Selbstgedrehten hin.

Nach und nach kommt der Rest der Truppe und ich hänge mich an Pippi, als wir alle zu den Umkleiden gehen. Das ist eine wichtige Strategie: Hänge dich immer an jemanden, der sich auskennt, sonst bist du völlig aufgeschmissen, wenn du aufs Klo musst. Die Umkleide ist eine Art Zeitmaschine und katapultiert mich in die Unterstufe zurück: lange, schlichte Holzbänke, darüber lange Balken mit Haken dran, für den Turnbeutel. Ich denke kurz an die schicken Gemächer im Fitnessstudio mit den nummerierten Edelholz-Spinden und ebenso vielen Haartrocknern wie weiblichen Mitgliedern. Es gibt allerdings noch einen großen Unterschied: Hier ist ein Geschnatter wie auf dem Schulhof. Alle reden durcheinander, es ist eine ausgelassene Stimmung und irgendeine gibt meinem Hippie einen Klaps mit dem Knieschoner auf den Po, weil sie frech war. Das sieht hier in der Umkleide nicht nur so aus, das fühlt sich auch so an wie in der Schule!

Auch das Aufwärmen ist wie in der Schule: Ein paar spielen Fußball, die anderen laufen im Kreis in der Turnhalle herum. Wir fahren paarweise als Schubkarren durch die Halle, springen wie die Frösche, krabbeln rückwärts und sprinten um die Wette. Wenn jetzt noch Herr Großkopf, mein alter Sportlehrer, hier auftaucht, es würde mich nicht wundern. Unsere beiden Trainer heißen aber nicht Großkopf, sondern Oli und Patrick. »Hast du schon mal Volleyball gespielt?«, fragt Oli und ich verziehe das Gesicht. »Ja, aber das ist ewig her.« Oli nickt und winkt Sarah zu sich, sie ist heute auch zum ersten Mal da. »Ihr macht jetzt erst mal ein paar Ballwurfübungen«, sagt er und zeigt uns, wie das Baggern und Pritschen geht. *Ich weiß, wie Baggern und Pritschen geht*, denke ich, und donnere die ersten Bälle prompt statt in Richtung Sarah kreuz und quer durch die Halle. Ich bin wohl aus der Übung. Während die anderen Aufschläge üben, müssen Sarah und ich darüber kichern, wie deppert wir uns anstellen. Bin ich froh, dass sie da ist, sonst käme ich mir vor wie ein Vollidiot. Mit der Zeit werden wir etwas besser, Oli kommt immer wieder vorbei und korrigiert an Daumen, Handgelenken und Fußstellungen herum und ich stelle fest: Das macht Spaß! Ich weiß nicht, wann ich das letzte Mal ein Ballspiel gespielt habe! Allein das Hin-und Her-werfen macht so viel Laune, warum mache ich das nicht mehr? Während unseres dilettantischen Gepritsches fallen mir dann doch ein paar Gründe ein:

- Wir haben keine Sporthalle zu Hause.
- In Parks oder am Strand oder auf der Wiese landet der Ball viel zu oft in Picknickkörben oder auf Mitmenschen.
- Es ist völlig utopisch, dass mehrere Freunde am gleichen Tag und zur gleichen Stunde Zeit und Lust haben, Volleyball zu spielen.
- Der – da ist er wieder – Schweinehund.

»Geht doch schon ganz gut«, lobt Oli, und ich bin ein bisschen stolz. Während er uns zusieht, merke ich, wie sich jemand den Schlaf aus den Augen reibt, den ich lange nicht mehr gesehen habe: mein Ehrgeiz.

Ehrgeiz, das ist Alex, Alex, das ist Ehrgeiz. Ich möchte besser werden (klappt ganz gut) und ich möchte besser sein als Sarah (klappt nicht so gut). Wir dürfen dann auch noch »richtig« mit-spielen und obwohl mir der Ball beim Baggern permanent auf meine vom Krav Maga geröteten Unterarme knallt, strenge ich mich an wie Bolle. Es geht um nichts, hier wird nur trainiert, aber trotzdem will ich, nein, wollen wir gewinnen. Als ich einen gegne-rischen Ball blocke, einfach weil ich ihm aus Zufall im Weg stehe, und die andere Mannschaft dadurch keinen Punkt machen kann, klapst mir Pippi im Vorbeilaufen an die Schulter und zwinkert mir zu. Ich komme mir vor wie der King of Currywurst. Ich sehe mich um und ich sehe 25 Leute, die sich anstrengen, schwitzen und alles geben – und sie machen das nicht, um sich fit zu halten, sondern nur aus Spaß. Ich muss daran denken, was Pippi sagte, als ich sie bei der Selbstgedrehten vor der Türe fragte, ob sie sich überwinden müsse, um hierherzukommen. »Überwinden?«, hat sie mich da fragend angesehen, »nein, das könnte ich nicht. Im Gegenteil, ich komme manchmal viermal die Woche her, weil es so geil ist.«

Da kann man jetzt Volleyball finden, wie man will: Es sind bis jetzt die glücklichsten Gesichter, die ich während meines Sportprojekts zu sehen bekomme. Und ich muss noch nicht mal zum Griechen.

Wie funktioniert es?

Zwei Teams à sechs Spieler müssen den Ball übers Netz bringen und Punkte sammeln, indem sie ihn auf den Boden des gegnerischen Spielfelds befördern. Volleyball birgt eine eher geringe Herz-Kreislauf-Belastung und trainiert vor allem Schnelligkeit, Koordination und Flexibilität.

Was kostet es?

13 Euro pro Monat Mitgliedsbeitrag (für Erwachsene) zuzüglich die jeweilige Pauschale für den Sport, den man sich aussucht. Bei Volleyball sind das derzeit 6 Euro im Monat, macht 19 Euro. (Die Abteilung Fitnessstudio kostet 10 Euro.) Da kann man nicht meckern.

Plus Knieschoner: zwischen 15 und 30 Euro, und Schuhe mit heller Sohle: 60 bis 100 Euro, und Sportklamotten.

Aufwand

Man muss hin- und wieder zurückkommen.

Für wen?

Für alle, denen Mannschaftsspiele Freude machen und die den Wettbewerb mögen. Es gibt Gruppen für Kinder, Jugendliche, Frauen, Senioren und ich weiß nicht, was noch alles.

Wer macht denn so was?

In meinem Training waren circa 25 Leute zwischen 20 und 30 Jahren, Jungs und Mädels halbe-halbe. Und eine Pippi.

Vorteile

- Spaß.
- Spaß, auch wenn man noch nicht gut spielt.
- Und noch mal Spaß.
- Schnelle Erfolgserlebnisse.
- Bei guter Spieltechnik werden alle großen Muskelgruppen trainiert – ohne dass man das groß bemerken würde vor lauter Spaß.

Nachteile

- Die Verletzungsgefahr ist ziemlich hoch, besonders gerne erwischt es das Sprunggelenk und die Bänder und Sehnen, gerne aber auch Finger und Knie.
- Starke Belastung der Gelenke und des Rückens (dem kann man durch die Variante Beachvolleyball entgehen).
- Man nimmt kaum ab dabei.
- Keine Steigerung der Ausdauer.

HOT IRON

»1 neue Nachricht«, blinkt es auf meinem Handy. »Liebe Alexandra, gerne kannst du zu einer Probestunde Hot Iron kommen! Nimm etwas zu trinken mit, du wirst es brauchen ;-) Grüße, Silke«

Herrje! Das hatte ich schon fast wieder vergessen. Nachdem Patrick, der Personal Trainer, und Johanna sowie der Cycling-Mann mir klargemacht haben, dass unabhängig von allem Gelaufe, Gesteppe und Verrenken erst Krafttraining eine Figur wirklich formen kann, hatte ich im Fitnessstudio gefragt, ob ich mal Hot Iron ausprobieren darf. Ich darf. Toll. Falls Sie, im Gegensatz zu mir alter Sportskanone, nicht wissen, was Hot Iron bedeuten soll: Hot Iron ist Krafttraining mit Hanteln, genauer gesagt mit Langhanteln. Also nicht diese kleinen Dinger, die gerne in Jugendzimmern von Jungs rumliegen:

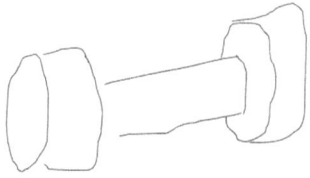

sondern eine (in meinem Fall) 160 Zentimeter lange Stahlstange, an deren Enden verschieden schwere Gewichte befestigt werden können:

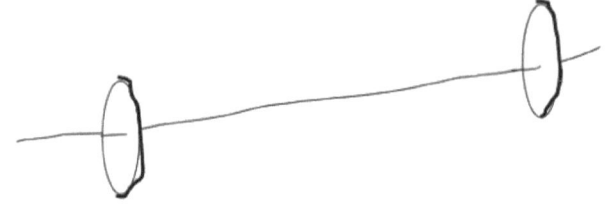

Das Langhanteltraining findet in einem dieser Parkett-Spiegel-wand-Räume des Fitnessstudios statt, die ich nun schon auswendig kenne, und während ich mit meiner Wasserflasche unentschlossen im Raum stehe, wuseln um mich herum jede Menge Damen. Sie tragen Steps (Reebok-Treppchen, Sie erinnern sich) und Stahlstangen hin und her, deponieren verschieden große Gewichtsscheiben und Kurzhanteln (siehe Bild 1) neben ihren Steps und silberne Klammern, die verhindern, dass die Gewichte von der Stange rutschen. Unter dem Step wird noch eine Gummimatte deponiert und Gott sei Dank nimmt sich eine große Teutonin meiner an und hilft mir, auch so ein feines Arsenal aufzubauen. 20 Frauen sind da und drei Männer und ich überlege schon die ganze Zeit, was anders ist als sonst im Fitnessstudio. Dann fällt es mir wie Schuppen aus den Haaren: die Damen sind fast alle in den 50-ern und 60-ern. Die Herren übrigens auch. Ich bin heute nämlich vormittags beim Sport, da haben junge Mütter und Berufstätige in der Regel keine Zeit.

Um es vorauszuschicken: Ich finde es toll, wenn man mit zunehmendem Alter seinen Körper nicht vernachlässigt. Wenn man jung bleibt und dynamisch und sportlich und flexibel und alle diese Dinge. Was für mein Auge nur etwas ungewohnt aussieht, ist die Kombination aus 60-jährigen Gesichtern und Hälsen in Kombination mit muskulösen Oberarmen. Verstehen Sie mich nicht falsch, Muckis sind in jedem Alter bestimmt besser als schlaffes Hängen, es sieht nur einfach, nun ja, komisch aus.

Ich muss an diese Klappbilderbücher denken, in denen man mit dreigeteilten Seiten aus verschiedenen Köpfen, Körpern und Beinen neue Fantasietiere zusammensetzen kann. Das klingt jetzt gemein, ich weiß, aber wird sind ja unter uns.

»Morgen!« ruft es von der Türe, »Morgen! Morgen! Morgen! Morgen! Morgen! ......«, tönt es zurück. Unsere Trainerin ist da. Es ist Martina Navratilova. Sie heißt Silke, ist Mitte 40 und trägt ein wunderbares rot-weißes Tennisröckchen mit passendem roten Muskelshirt und roten Schweißbändern an den Handgelenken und einen ebenfalls farblich passenden roten Haargummi im aschblonden Haar. Das sieht nicht schlecht aus, aber da können Sie sagen, was Sie wollen, sie sind schon eigen, die Sportler. Sie kontrolliert, ob ich nicht zu viel Gewicht an meine Hantel gepackt habe, und es geht los.

Zum Aufwärmen drehen und dehnen wir uns ein bisschen, boxen in alle Richtungen, was zu einer sofortigen Korrektur meines Standortes führt – ich war viel zu nahe an meiner Nachbarin. »Es hat aber gar nicht wehgetan«, sagt sie.

Endlich nehmen wir die Langhanteln in die Hand und stemmen sie auf und ab, indem wir unsere Arme lange nach unten hängen lassen und sie dann anwinkeln, bis die Stange unterm Kinn ist. Ich weiß nicht, wie es den anderen geht, aber ich komme mir sofort vor wie Lara Croft. Mit schwerem Gerät findet man sich irgendwie professioneller als ohne. Ich muss an Patricks Worte denken, dass die Frauen, die bei ihm trainieren, die Geräte lieben. Ob die sich auch alle wie Lara Croft fühlen?

Als Nächstes legen wir uns die Langhantel in den Nacken, und das ist nun gar nicht mehr Lara-Croft-mäßig, sondern fühlt sich so an, wie Leute am Pranger aussehen. Kniebeugen machen wir

und kurz darauf wird es dann richtig anstrengend: Das Tempo
ist schneller, die Musik lauter und abwechselnd liege ich bäuchlings über dem Step und hebe mit weit geöffneten, leicht angewinkelten Armen die Gewichtsscheiben nach hinten, sodass sich
meine Schulterblätter Guten Tag sagen, dann liege ich rückwärts
auf dem Step und stemme die Langhantel vor der Brust auf und
ab. Dazwischen immer wieder Liegestützen (auch seitliche) und,
besonders grausig, das hier:

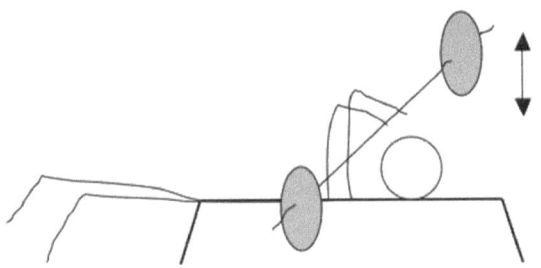

Da sieht man permanent die glitzernde Stahlstange auf sich zukommen – das ist jetzt nicht so dramatisch, wie einen Güterzug
auf sich zukommen zu sehen, aber ich bin leicht zu beeindrucken und habe eine lebhafte Fantasie. Daher weiten sich auch bei
jedem Mal, wenn die Stange sich Richtung Stirn senkt, meine
Augen auf Untertellergröße.

Martina Navratilovas Kopf taucht über mir auf. »Alles klar bei
dir?« Ich bringe ein zustimmendes Keuchen zustande. Nach einer Stunde bin ich durchgeschwitzt und habe Arme wie ein Bodybuilder. Sie fühlen sich zumindest so an, in der Spiegelwand
sehen sie ganz normal aus. Die letzten fünf Minuten liegen wir
im Dunkeln auf unseren Gummimatten und entspannen uns, ein
bisschen Dehnen und Gähnen, einer der Herren erhascht einen
letzten Blick unter das Tennisröckchen von Silke, dann ist es vorbei.

Als wir unser Arsenal wieder abbauen, kommt sie zu mir: »Und? Hat es dir gefallen?«

»Ja, hat es«, antworte ich und es ist noch nicht mal gelogen. (So wie in den Restaurants, wenn mir das Essen nicht schmeckt: »L., Das war das scheußlichste Schnitzel meines Lebens.« – »Dann sag es doch!« – »Das mach ich auch!« Zehn Minuten später: »Hat es Ihnen geschmeckt?« – »Ja, danke.«).

Während des Trainings konnte ich meine Muskeln in Aktion sehen, und das sieht wahnsinnig effektiv aus – und es fühlt sich auch so an. Es ist zwar anstrengend, aber angenehm anstrengend, und jetzt komme ich mir vor, als hätte ich die letzte Stunde wirklich richtig viel gemacht.

»Machst du eigentlich noch andere Sachen? Außer Langhanteltraining?«, frage ich Silke, und natürlich macht sie noch was. »Zu dem Training hier ist noch ein Ausdauersport zusätzlich ganz gut«, erklärt sie. »Natürlich«, stimme ich ihr ernst zu, ich bin schließlich vom Fach und weiß Bescheid.

»Darum geht es jetzt gleich im Anschluss nach nebenan zum Cycling«, sagt sie grinsend und deutet in die Runde. »Es kommen fast alle mit!« Mit Schrecken denke ich an das Desaster beim Cycling.

»Was hältst du denn von Nordic Walking?«, biete ich ihr an, »oder, oder – irgendwas anderem?« Aber da guckt Marina Navratilova nur auf mich runter. »Ich mag Sportarten, die was *BRINGEN*«, sagt sie und dreht sich ab.

Die Herrschaften gehen Silke hinterher und ziehen an mir vorbei in Richtung Cycling-Raum.

Wie funktioniert es?

Hot Iron ist die Kräftigung des gesamten Körpers mithilfe der Langhantel. Trainiert werden, unter Anleitung, alle Hauptmuskelgruppen, in der Regel zu Musik. Es gibt auch eine andere Marke, die nennt sich BODYPUMP. Ich kann keine großartigen Unterschiede erkennen – bei BODYPUMP werden Dehn- und Stretching-Pausen zwischen den Übungen gemacht, okay. Selbstverständlich sind die beiden Varianten jedoch total verschieden und jeweils immer viermal besser als die andere.

Es gibt Hot Iron (I) für Einsteiger, wo man die Techniken und Grundübungen lernt, und Hot Iron für Fortgeschrittene (II). Für Oberchecker gibt es auch noch Iron Cross. Erreicht wird mit dem ganzen Gestemme eine Gewebestraffung, Muskelaufbau, Verbesserung der Kraftausdauer, der Ausdauer (ein bisschen) und Fettabbau.

Was kostet es?

Wird in der Regel im Fitnessstudio angeboten, also den entsprechenden Monatsbeitrag.

Aufwand

Die Wegstrecke.

Für wen?

Für Frauen und Männer, jüngere und ältere Teilnehmer sowie für Fitnessanfänger und Sportprofis. Es können sogar alle zur gleichen Zeit am gleichen Training teilnehmen, da man mit den Gewichten die Schwierigkeit der Übungen variieren kann.

Für einige Übungen werden sogar verschieden schwere Varianten gezeigt.

Nicht mitmachen sollten Leute mit akuten Knie- oder Rückenschmerzen und Schwangere.

Wer macht denn so was?

Wenn man nicht gerade am Vormittag aufschlägt, sind alle Altersklassen vertreten, und etwas mehr Frauen als Männer.

Vorteile

- Da man zwischen 1- und 5-Kilo-Scheiben wählen kann, ist es wunderbar individuell regulierbar.
- Man merkt schnell etwas.
- Kein Hopsen und kein Klatschen, trotz Musik.
- Man kommt sich vor wie Lara Croft.

Nachteile

- Der Umfang der Beine nimmt zunächst einmal zu. (Durch die Muskulatur. Das Unterhautfettgewebe baut sich langsamer ab, als der Muskel wächst. Also am Ball bleiben, bis das Körperfett schmilzt, dann kommen wunderbar wohlgeformte Arme und Beine zum Vorschein.)
- Man sollte noch eine andere Sportart betreiben

»Dir hat also das Langhanteltraining nicht gefallen, weil alle danach zum Cycling gegangen sind?«, fasst L. meinen Bericht an diesem Abend zusammen. »Nein, also ja, auch. Ich weiß, es klingt bescheuert.« Tatsächlich kann ich nicht gut erklären, warum mir ausgerechnet heute der Fitnessstudio-Kragen geplatzt ist. Ich sah diese Riege an älteren Damen und Herren an mir vorbei zu den Standfahrrädern ziehen und wünschte mir, sie wären stattdessen – im Stadtpark. Oder spielten mit ihren Enkeln, Wellensittichen oder Dackeln, oder sie säßen einfach nur in einem schönen Café. Ich muss auch daran denken, wie auf Reihen von Laufbändern die Menschen vor sich hin joggen und in den Fernseher gucken, während draußen der Herbst sich abmüht, einen perfekten Tag zu zaubern, und das Sonnenlicht durch die farbigen Blätter unbemerkt in den Raum fällt. Ich sehe mich immer noch in dieser Menge mit Steps, wo die Mädels das Treppchen auf- und absteigen, die kurz zuvor mit dem Aufzug in die Etage des Fitnessstudios gefahren sind. Wie viel beim Volleyball gelacht wurde, im Gegensatz zu hier.

Dachterrasse hin oder her, es ist an der Zeit, ein für alle Mal einzusehen: Das ist nichts für mich. Für viele, viele andere Leute ist es perfekt, aber wir, liebes Fitnessstudio, wir passen einfach nicht zusammen. Lass uns Freunde bleiben.

PASTERNAK & ICH

»Ich habe DIE Lösung für dich«, strahlt L. mich an. Die Trennung von Fitnessstudio und mir ist jetzt ein paar Tage her und ich bin ein bisschen traurig. Nicht weil mir das Fitnessstudio fehlt, sondern weil ich tief in meinem Inneren hoffte, dort den richtigen Kurs-Sport-Workout-Dings zu finden, und im Moment sieht es nicht danach aus. Mein ganzer Plan kommt mir allmählich total bescheuert vor.

»Schau, was ich habe!« L. grinst immer noch über das ganze Gesicht und sieht sehr stolz aus. »Was?«, brumme ich. »Herzlichen Glückwunsch, ich bin dabei, bei *Extrem Schön*?«

L. sieht mich verwirrt an und mir tut meine schnippische Art sofort leid. »Sorry, vergiss es. Was hast du denn Tolles?«, frage ich und lege meine Arme um seinen Hals. »Hier«, sagt er und hebt eine weiße Plastiktüte in die Höhe wie ein Ritter sein Schwert, »hier ist ein Fitnessvideo für zu Hause!«

Jetzt ist es an mir, einigermaßen verdattert aus der Wäsche zu schauen. L. drückt mir die Tüte in die Hand und schmeißt seine Jacke über den nächsten Stuhl. »Ich hab mir gedacht«, erklärt er, »wenn du nicht ins Fitnessstudio gehen möchtest …« Dabei sieht er mich fragend an und ich nicke zustimmend … »Und wenn du nicht im Jogger U-Bahn fahren möchtest …« Wieder wartet er auf mein Nicken. »Und wenn du Anfahrtswege schon abschreckend findest«, ich nicke durchgehend, »dann bleibt dir nur etwas, das du zu Hause tun kannst!« Er nimmt mir die Tüte wieder aus der Hand, holt einen DVD-Packen heraus und übergibt ihn mir feierlich in großem Bogen. »Für dich!«

5 Faktor Fitness lese ich. Von *Harley Pasternak.*[35] Moment – Harley Pasternak? Das ist ein Name? So wie *Ducati Möhrchen*?

»Freust du dich?«, fragt L., während ich noch mit Angucken beschäftigt bin. Jetzt sieht er ein bisschen verunsichert aus. Ich drücke dem reizendsten Mann der Welt einen dicken Kuss auf die Wange. »Sehr. Das ist wirklich lieb von dir.« Während ich den DVD-Packen genauer untersuche, räumt L. die restlichen Einkäufe aus und erklärt: »Ich habe extra was gesucht, das keinen großen Aufwand macht, und da steht *Nur 25 Minuten*! Die aus dem Laden hat gesagt, dass dieser Typ das Programm extra für Hollywoodstars entwickelt hat, die wenig Zeit haben. Der hat schon Halle Berry und noch ein paar andere Superstars trainiert.« Ich drehe die DVD und tatsächlich, da stehen sie alle aufgelistet: Lady Gaga, Katy Perry, Robert Pattinson, Milla Jovovich, Megan Fox, Alicia Keys, Natalie Portman … und so geht das weiter. In fünf Wochen könnte ich genauso fit wie sein wie die alle, sagt Harley.

Haben Sie auch noch die Szene im Kopf, wie Halle Berry in einem James-Bond-Film in diesem orangefarbenen Bikini aus dem Wasser steigt? Ja? Was soll ich sagen – ich mach das mit den DVDs. Wäre doch gelacht.

Am übernächsten Nachmittag ist es so weit. L. wollte zwar zugucken und mich anfeuern – er hat sogar über die Anschaffung von

---

35   Harley Pasternak: *5-Faktor-Fitness* [3 DVDs], ASIN: 3868830731

zwei Cheerleader-Püscheln nachgedacht –, aber ich bin ja nicht bescheuert und habe gewartet, bis ich allein zu Hause bin. Ich habe auch extra die Sportklamotten angezogen, bis auf Annes Turnschuhe, aus denen bröselt immer noch rotes Gummi. Der kleine Tisch zwischen unserem Sofa und dem Fernseher ist in die Ecke geschoben, wegen mir kann es losgehen. »Inspiriere mich!«, begrüße ich meinen Fernseher und schiebe die DVD in den Player.

Es sind übrigens drei DVDs. Darauf sind Übungen für fünf verschiedene Tage, die ich nachmachen kann-muss-darf-soll.

Tag eins – Play

Harley trägt Glatze. Er steht in einem Studio, das ziemlich genauso aussieht wie ein Raum in meinem Ex-Fitnessstudio, und freut sich, mich zu sehen. Bevor das Aufwärmen beginnt, will er mir noch schnell seine zwei Assistentinnen vorstellen, die dekorativ und knapp bekleidet links und rechts hinter ihm stehen und mich manisch angrinsen. Madison und Terry Ann. Ich nicke ihnen zu und schon geht's los. Wir marschieren alle auf der Stelle, dann joggen wir und ich warte darauf, dass Madison und Terry Ann das Grinsen vergeht. Dann machen wir den »Hampelmann«, was man nur machen sollte, wenn man ein großes Wohnzimmer hat. Zumindest ein größeres als unseres, sonst räumt man unter Umständen die Orchidee von Ikea vom Fensterbett, kratzt dann die Erde vom Teppich zurück in den Blumentopf, trägt das Ganze in die Spüle in der Küche und dann ist das Aufwärmen vorbei.

Das Workout-Programm für den ersten Tag sieht vor, dass ich aufrecht stehe und ein paar Kurzhanteln in die Höhe drücke. »Es geht aber auch eine Langhantel oder eine Bleistange«, sagt Harley. Ich weiß im Moment nicht, wo L. unsere Bleistangen aufbewahrt, daher nehme ich *Illuminati* in die eine Hand und *Die unendliche Geschichte* in die andere, das geht auch. Also es geht so mittel, weniger wegen meiner improvisierten Hanteln als wegen des Stemmens, das ist nämlich echt anstrengend, zumindest wenn man es 25-mal machen muss. Als Nächstes kommen Kniebeugen, die kenne ich ja schon. Madison und Terry Ann haben sich dafür umgezogen und tragen jetzt Wenig in einer anderen Farbe. Terry Ann zeigt eine Variante, bei der man sich leicht auf einen Stuhl setzt und dann wieder aufsteht. Eine hervorragende Idee. Direkt hinter mir steht das Sofa, das geht auch. Das geht sogar so gut, dass ich nach ein paar Kniebeugen gar nicht mehr aufstehe und gleich auf dem Sofa sitzen bleibe. Für die nächste Übung muss man sich auf den Rücken legen, und schon liege ich recht gemütlich ausgestreckt auf meinem Sofa. So lässt sich das einigermaßen aushalten mit der Gymnastik. Ich mache auch ein paar halbherzige *Crunches* (das sind Sit-ups, bei denen der untere Rücken am Boden bleibt), aber weil das Sofa zur Rücklehne hin leicht abschüssig ist, dreht es mich in genau diese Richtung und meine Nase bohrt sich in den braunen Cordstoff. Harley und seine Gespielinnen machen das nun sogar über Kreuz, also linken Ellenbogen ans rechte Knie und umgekehrt. »Wenn ich die Stars für Liebesszenen trainiere, ist das (und er deutet auf Madisons Taille) das Wichtigste: eine straffe Körpermitte!« Gott sei Dank stehen bei mir demnächst keine Dreharbeiten zu Liebesszenen an, daher bleibe ich liegen.

»Gut so, tolle Arbeit!«, lobt Harley, und da muss ich so ein klein bisschen grinsen auf meinem Sofa und noch bevor Harley, Madison und Terry Ann mit dem anschließenden Ausdauertraining fertig sind, bin ich eingeschlafen.

»Und? Wie war's?«, fragt mich L. an diesem Abend. »War es anstrengend?« Ich schüttle den Kopf. »Nö, ging eigentlich.«

Für das nächste Mal habe ich Anne verpflichtet mitzumachen, ich reiße mich sonst einfach nicht zusammen. Pünktlich steht sie tags drauf mitsamt einer Flasche Isostar vor der Türe. »Tag eins habe ich ja praktisch schon hinter mir, fangen wir mit Tag zwei an«, schlage ich vor.

Wir bringen uns in Position, Orchidee und Couchtisch sind in Sicherheit.

Play.

»Hallo zu Tag zwei!«, begrüßt uns Harley, und ich stelle alle kurz vor: »Anne, das ist Harley, Harley das ist Anne, und das da hinten sind Madison und Terry Ann, Madison und Terry Ann, das ist Anne.« Wir können loslegen. Heute soll es um Schultern und Rümpfe gehen und um den Po, hat Harley angekündigt, aber vorher laufen wir uns warm, Harley, Madison, Terry Ann, Anne und ich. »Ich stelle mir vor«, versucht uns Harley zu motivieren, während er weiter auf der Stelle joggt, »ich bin nur 500 Meter von zu Hause entfernet, wo ein großer Brownie auf mich wartet, innen noch ganz heiß!«

Anne seufzt. »Ich liiieeebe Brownies!«

Da fällt mir was ein: »Ich habe noch Schokoladenkuchen da, von L.'s Mutter.« Ein paar Sekunden joggen wir schweigend weiter, dann sehen wir uns an und joggen in die Küche.

»Hallo?«, ruft L. von der Eingangstür. »Hallo! Wir sind hier!«, antworte ich aus dem Wohnzimmer. Anne und ich sitzen im Schneidersitz auf dem Sofa und essen Schokoladenkuchen. »Würdest du lieber wie Madison oder eher lieber wie Terry Ann aussehen?«, fragt sie mich. »Ich glaube, eher wie Madison, aber ich weiß noch nicht, wie sie aussieht, wenn sie nicht grinst.« Anne nickt nachdenklich mit dem Kopf. »Stimmt.«

Als L. in der Türe steht, zieht er amüsiert die Augenbrauen hoch. »Na, welchen Sport macht ihr, ich meine, macht *Harley* denn heute?« Vergnügt gibt Anne Auskunft: »Gerade war der Quadrizeps dran und jetzt kommt der Po!«

L. nimmt sich auch ein Stück Kuchen und setzt sich zu uns. »Sieht gar nicht so schwer aus«, findet er, während Harley, Madison und Terry Ann einen großen Ausfallschritt nach vorne machen und dann wieder zurück. »Jaaa«, weiß ich, »das ist im Prinzip schon einfach, aber man muss es 25-mal wiederholen! Und ab Nummer zehn wird es echt ungemütlich!« L. sieht mich erstaunt an. »25 Mal? Echt?« Ich schnappe mir die Fernbedienung. »Sieh selbst!«, und drücke auf die Vorlauftaste. Harley, Madison und Terry Ann machen jetzt Riverdance. Anne kichert und giggelt: »Schneller, mach es noch schneller!«, und schon ist dieser Übungstag um. Ging eigentlich.

Wie funktioniert es?

Auf drei DVDs gibt es eine Anleitung für fünf verschiedene Tage. Die Übungen behandeln jeweils unterschiedliche Muskelgruppen. Am Anfang jedes Tages gibt es ein Aufwärmen, dann einige Kraftübungen, die werden in drei Durchläufen à 25 Mal wiederholt. Abschließend gibt es noch ein Ausdauertraining, bei dem man möglichst viele Kalorien verbrennt. Es dauert insgesamt tatsächlich nur 25 Minuten.

Was kostet es?

Nur die drei DVDs: *5-Faktor-Fitness – Best Price Edition* kostet 25 Euro. Inklusive Ernährungsplan und Booklet: *5-Faktor-Fitness*, kostet 35 Euro.

Aufwand

Mini.

Für wen?

Perfekt für alle, die wenig Zeit haben.

Wer macht denn so was?

Ich habe keine Ahnung.

Vorteile

- 5-Faktor-Fitness wurde ursprünglich entwickelt, damit SchauspielerInnen in den kurzen Drehpausen am Filmset möglichst effektiv trainieren konnten, daher ist es schön kurz: 25 Minuten.
- Man muss nicht extra irgendwohin fahren dazu, sondern kann zu Hause sporteln.
- Es werden reihum alle Muskelgruppen trainiert.
- Es gibt zusätzlich einen Essensplan. Darin wird erklärt, wie man aus jeweils fünf Zutaten und in fünf Minuten leckeres und gesundes Essen zubereiten kann. Mit enthalten: ein Sport- und Ernährungs-Tagebuch (bei der 35-Euro-Version).
- Die Übungen sind einfach und gut erklärt, es wird sogar erklärt, woran man erkennt, dass man es richtig oder falsch macht.

- Madison und Terry Ann zeigen meist zwei verschieden schwere Varianten der Übung, da kann sich jeder aussuchen, was für ihn besser passt.
- Man muss keinen Ausgleichssport machen.
- Es gibt Mogeltage, ganz offiziell und erlaubt.
- Kein Monatsbeitrag, geringe Ahnschaffungskosten.
- Kein Herumfahren im Jogger im öffentlichen Nahverkehr.

Nachteile

- Man muss die Selbstdisziplin haben, das Programm im Wohnzimmer durchzuziehen.
- Wenn man einmal mit Schummeln anfängt, landet man schnell auf dem Sofa.
- Harley hat einen echten Hau mit der Nummer 5. 5-Faktor heißt es übrigens wegen:

FAKTOR 1 – 5 Wochen Training,

FAKTOR 2 – 5 Mahlzeiten pro Tag,

FAKTOR 3 – 5 Hauptzutaten,

FAKTOR 4 – 5 Workouts pro Woche,

FAKTOR 5 – 5 Mogeltage in 5 Wochen.

IM STALL

Der Tag, an dem ich mich endlich aufraffe und mit Jana in den Stall fahre, ist ein vernebelter November-Sonntag. Ich habe es schon erwähnt, es handelt sich bei diesem Stall nicht um eine schmucke Reitanlage mit lichten Vollholz-Boxen und schmiedeeisernen, grünen Pforten, sondern um einen Bauwagen auf einer Wiese mit ein paar Koppeln dahinter. Irgendwo ist ein Unterstand, der die Tiere und eine Futterstelle vor Unwettern schützt, fertig.

Als wir mit Janas Auto aus der Stadt rausfahren, lichtet sich der Nebel. Die Häuser werden weniger, schon bald fliegen Felder vorbei und am Ende eines kleinen Dorfes biegen wir ab und fahren bis zum Ende einer kleinen Schotterstraße. Wir steigen aus und ich sehe mich verwundert um: Der Bauwagen ist in Knallblau gestrichen mit einem sonnengelben Fenster darin, eine schwarzweiße Katze sitzt auf den Stufen davor, bunte Blumentöpfe stehen in kleinen Grüppchen zusammen, daneben ist eine Grillstelle. In einer offenen Scheune stapeln sich Heu- und Strohballen, ein paar Meter weiter fangen die grasgrünen Koppeln an, auf denen die vier Pferde die Köpfe heben und neugierig an den Holzzaun getrabt kommen. Hätte Bullerbü einen Pferdestall, dann sähe er genau so aus. »Ist das schön«, platzt es aus mir heraus und Jana nickt stolz. »Wir haben auch viel dran gearbeitet«, sagt sie und wir schlendern zu den Pferden. »Das ist Buena«, stellt sie mir eine hübsche Fuchsstute vor, die ihre weiche Nase an ihre Hand drückt. Buena ist Janas Pferd. Sie hat einen weißen Fleck auf der Stirn und spitzt die Ohren, als sie ihren Namen hört. Eigentlich sind wir nur gekommen, um auszumisten. Jeden Tag fährt eine der vier Pferdebesitzerinnen hierher und säubert die Koppeln mit Schubkarre und Mistgabel von Pferdeäpfeln. Als Jana sieht, wie ich selig den Hals des Pferdes tätschle, fragt sie: »Willst du sie putzen, während ich schon mal anfange mit Ausmisten?« Und wie ich will.

Jana geht mit ihrem gelben Schubkarren in Richtung der Koppel davon, Buena hat sie an einem Holzbalken wie aus dem Wilden Westen neben dem Bauwagen angebunden. Ich sehe ihr hinterher und Buena schnaubt mir ins Ohr. Ich muss lachen. »Hör auf, das kitzelt.« Während ich mit dem Striegel über Buenas Fell streiche, kommt es mir vor, als hätte ich erst gestern das letzte Mal ein Pferd geputzt. Tatsächlich ist es viel länger her. Meine Mutter wollte mich damals irgendwann nicht mehr zum Reiten fahren. Vielleicht hing es damit zusammen, dass sie sich immer zwei Stunden in ein sogenanntes *Reiterstüberl* setzen musste, bis sie mich wieder nach Hause kutschieren durfte. Außerdem hatte sie wahnsinnige Angst vor Pferden. »Geh da raus!«, rief sie entsetzt, als sie mich das erste Mal bei einem Pferd in der Box stehen sah.

»Aber Mama, das ist eine Box, man muss das Pferd da rausholen, wenn man es reiten will!«

»Das ist mir egal!!«, schrie sie. Es war einfach der Wurm drin. Mamas Widerwille traf auf mein plötzlich aufkeimendes Interesse an Jungs und ich war von ebenjenen schließlich so abgelenkt, dass mir der nötige Elan fehlte, meine Mutter zu überzeugen.

Buena steht ganz still und schließt die Augen. Man hört die Vögel zwitschern, es riecht nach Herbst und die Katze hat sich in einiger Entfernung zusammengerollt und beobachtet uns blinzelnd. Ich lege meine Arme auf Buenas Rücken, sie ist warm und weich, ich drücke meine Nase in ihre Seite. Tief atme ich den Geruch des Pferdes ein, einer der besten Gerüche, die es gibt. Manchmal wird einem erst im Nachhinein klar, dass man etwas vermisst hat.

»Na? Freunde geworden?«, lächelt Jana, als sie zurückkommt. Ich kann nur nicken und strahle sie an. »Komm, ich wollte eh eine Runde mit ihr spazieren gehen.« Sie bindet Buena los und wir gehen an den Koppeln entlang, die Stute trottet uns brav hinterher. Es geht in ein kleines Wäldchen, an einem Bach entlang, in dem große, runde Steine liegen. Am Wegrand wachsen Moos und Farne. Jana bleibt plötzlich stehen. »Magst du dich mal draufsetzen?« Ich ziehe die Augenbrauen hoch. »Wie, ohne Sattel und Zügel und alles? Und wenn sie mich abwirft? Oder durchgeht?« Ich drehe mich um und Buena sieht mich mit ihren großen, ruhigen Augen an. »Wird sie nicht«, beruhigt mich Jana, Wir machen das öfter, keine Sorge.« Jana macht eine Räuberleiter neben Buena, ich knie mich hinein und bei »drei« schwingen wir mich auf Buenas Rücken. Die Stute steht ganz still und ich sitze seit über 20 Jahren das erste Mal wieder auf einem Pferderücken. »Bereit?«, fragt Jana und nimmt den Strick in die Hand. »Ja«, antworte ich leise, und Buena macht ein paar Schritte vorwärts, vorsichtig, als nähme sie Rücksicht auf meine Unsicherheit. Mit jedem Schritt, den sie macht, gehe ich ein Jahr zurück, bis die Alex auf dem Pferderücken in dem kindlichen Glück schwelgt, als wäre sie wieder ein kleines Mädchen. Schweigend gehen wie durch den Wald, ich halte mich an Buenas Mähne fest und erinnere mich daran, wie man den eigenen Körper bewegen muss, um mit dem Takt des Pferdes mitzugehen. Mein Herz platzt fast vor Glück.

Als wir wieder zum Stall kommen, bindet Jana die Stute am Balken an und ich rutsche von ihrem Rücken herunter. Ich schlinge beide Arme um ihren Hals und Buena senkt den Kopf. »Danke«, flüstere ich ihr in die Ohren.

Während der Heimfahrt reden wir kaum ein Wort. Als Jana vor unserem Haus hält, dreht sie sich zu mir: »Und? Würdest du gerne mal wieder mitkommen in den Stall?«, und die Antwort kommt direkt aus meinem Herzen: »Es gibt nichts, was ich lieber täte.«

FAZIT

Ich bin an Yoga drangeblieben. Das konnte ich nicht so auf mir sitzen lassen, das mit den Tränen. Inzwischen bin ich bei *Iyengar Yoga* angekommen, Sie erinnern sich? Das ist das mit den Hilfsmitteln. Vor allem aber ist es das mit der reizenden Susanne Schütte-Steinig und ja, der Nachname ist echt. Sie sagt zwar manchmal Sachen, bei denen ich lauthals lachen muss, wie zum Beispiel: »Und nun sauge das innere Schulterblatt zur Wirbelsäule«, oder: »Jetzt ziehen wir das Hirn von der Schädeldecke nach innen«, aber sie ist wirklich großartig. Wer in München eine Spitzen-Iyengar-Yogalehrerin sucht: voilà. Ihre Kurse finden in dem schönen ANAMSHALA STUDIO in Schwabing statt, wenn ich in München bin, sehen wir uns dort.

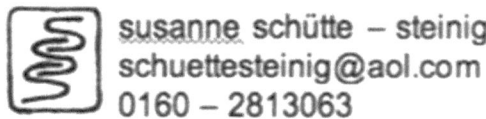

susanne schütte – steinig
schuettesteinig@aol.com
0160 – 2813063

Und sonst? Nun.

Es wird vermutlich niemanden wundern, wenn ich zugebe, dass ich meine Step-Karriere nicht weiter verfolgt habe. Ich setze mich auch nicht regelmäßig unter Reizstrom, und falls Sie mich mal zu Hause besuchen sollten, ist es unwahrscheinlich, dass Sie mich gerade beim Pole Dance stören.

Andere Dinge wie das Nordic Walking oder das Zirkeltraining im Park haben mir zwar großen Spaß gemacht, aber wenn ich ganz ehrlich bin, weiß ich jetzt schon, dass spätestens nach dem zweiten, dritten Training just an den Sporttagen unerklärlicherweise eine der folgenden Hürden eintreten wird:

- Ich habe irre viel Arbeit.
- Ich muss noch einkaufen/die Steuererklärung machen/hinterm Kühlschrank putzen.
- Ich habe heute so ein Ziehen im Rücken.
- Es könnte Regen geben, vielleicht.
- Die Sportsachen sind in der Wäsche.

Sie kennen das System? Es springt an, sobald wir wissen, dass wir etwas tun sollen, statt es zu wollen. Ich muss an Eberhard Schlömmer denken, einen von den Zirkeltrainern. Der hatte mir damals zum Thema Schweinehund gesagt:

»Hand aufs Herz, wir wissen alle, dass Rauchen ungesund ist, dass wir jeden Tag Obst und Gemüse essen und uns regelmäßig bewegen sollten. Wir wissen heute so viel wie noch nie über Fitness und Ernährung, und doch schaffen es viele Menschen nicht, das umzusetzen.

WARUM tun wir es denn nicht, wenn wir doch so viel wissen?

Viele setzen auf die Kasernen-Strategie: Friss die Hälfte, beweg dich, du Sau, dann schaffst du es auch! Also mit Disziplin und einem eisernem Willen.

Oder der Arzt prophezeit die Apokalpyse: *Wenn sie so weitermachen, Herr Müller, bei Ihren Cholesterinwerten und Ihrem Lebensstil, dann ist die*

Wahrscheinlichkeit, einen Herzinfarkt zu bekommen, so sicher wie der – äh, Tod.

Das kann alles zu einer enormen Anfangsmotivation führen, aber meistens verfliegt die genauso schnell, wie sie gekommen ist. Unser Unterbewusstsein liebt nämlich das hedonistische Leben. Die Kunst liegt also nicht allein darin, mit unserem Verstand dieses Problem zu lösen, sondern sich gewünschtes Handeln lustvoll anzueignen. Our brain runs by fun.«

Ich muss an die Leute denken, die ich kennengelernt habe und die mit großer Begeisterung bei der Sache waren: Patrick, der fasziniert ist vom menschlichen Körper, wie er funktioniert und wie man ihn formen kann. Johanna, die es liebt, die eigenen Grenzen zu spüren, und meine Volleyballer, die vor lauter Spaß am Spielen ebendiese fast nicht wahrnehmen. Einzig und allein darum geht es: um Spaß und darum herauszufinden, was einem Spaß macht. Klingt leicht, ist schwer. Viele Kurse werben damit, dass sie »total Spaß machen«, aber unter Umständen findet man ja schon Kurse blöd. Wir sind so unterschiedlich, Anne zum Beispiel hat mir verraten, dass sie auch deswegen so gerne in Pilates geht, weil sie sich dabei immer vorstellt, sie wäre eine wahnsinnig hippe Downtown-Lady und ginge noch schnell in ein Loft in Manhattan zu Pilates. L., mein Marathonläufer, hat großen Spaß daran, seine eigenen Bestzeiten zu unterbieten – das ist für mich zwar schwerer nachzuvollziehen als Annes Kopfkino, aber bei ihm funktioniert es.

Ich dachte zu Beginn dieses Projekts, dass ich etwas finden würde, das möglichst effektiv und, wenn möglich, auch nicht ganz, ganz schlimm ist. Am allerliebsten bitte drinnen, weil ich nicht gerne bei schlechtem Wetter draußen bin und es ganz schön oft schlechtes Wetter hat.

Stattdessen habe ich herausgefunden, dass es mir scheißegal ist, wie schlecht das Wetter ist, wenn ich in den Stall fahre. All die Vorteile und Nachteile der Sportarten, die ich so brav aufgelistet habe, sie sind für die Katz.

Die Liste der Nachteile des Stalls sind immens:

- Das Ausmisten und Abäpfeln der Koppeln alle paar Tage, das Reparieren der Zäune, das Füttern, das ist alles sehr anstrengend, das Reiten übrigens auch.
- Ich bin »die Reitbeteiligung« von Jana, das heißt wir teilen uns Kosten, Arbeit und Pferd, dafür muss man aber auch jedes Mal herumtelefonieren und um ein Leihpferd bitten, wenn man zu zweit ausreiten will.
- Ich leiste Buena und mir regelmäßig einen Reitlehrer. Das ist teuer (abgesehen von dem Benzingeld und der anteiligen Pacht für die Wiesen und dem Tierarzt und dem Hufschmied und …).
- Die Verletzungsgefahr ist höher als beispielsweise beim Aqua-Jogging.
- Man nimmt kaum ab dabei.
- Es gibt niemanden, der mit Reithelm schick aussieht.
- Man hat oft blaue Flecken, dreckige Fingernägel, und wenn man nach Hause kommt, riecht man nach Pferd.
- Das Auto riecht auch nach Pferd.
- Man hat mit anderen Reitern zu tun, die mitunter ein wenig anstrengend sind, weil sie oftmals davon ausgehen, dass jegliches Verhalten, das von ihrem eigenen abweicht, zum sicheren Tod des Pferdes führt.

Trotzdem habe ich nie zu viel Arbeit, um in den Stall zu fahren. Ich lasse lieber alles stehen und liegen und mache mich davon, zu den Pferden. Ich liebe es, dort draußen zu sein, bei jedem Wetter.

Graue, trübe Tage in der Stadt sind im Wald geheimnisvoll, neblig und ich fühle mich wie eine Elben-Prinzessin. Ich freue mich auf die ersten Ausritte im Schnee, auf Glühwein, der auf dem kleinen Öfchen im Bauwagen dampft, auf den Frühling, wenn alles blüht, und auf lange Ausritte und das Grillen im Sommer. Sogar L. fährt oft mit und hat Spaß daran, an Stall und Bauwagen herumzupuzzeln. Außerdem ist er der Einzige, den unser Bauer seinen Traktor fahren lässt, um das Heu zu transportieren.

Wenn Sie nun sagen: »Herzlichen Glückwunsch, aber sich herumtragen lassen ist noch lange kein Sport (außer fürs Pferd)«, dann sehen wir uns Reiten mal unter sportwissenschaftlichen Gesichtspunkten an:

Reiten fördert die Grundausdauer und trainiert Bauchmuskeln, Rückenmuskeln, den Beckenboden, die Oberschenkel, Po und Waden. Die vollen Schubkarren trainieren die Armmuskeln und die wiederkehrende Autokorrektur des richtigen Reitersitzes fördert die Körperwahrnehmung. Durch die voneinander unabhängige Steuerung von Armen und Händen, des Oberkörpers und der Beine in Kombination mit der technisch richtigen Hilfestellung werden Koordination und Balance verbessert. Becken-, Hüft- und Wirbelsäulenbereich werden beweglicher und die Haltung verbessert sich. Abgesehen davon bewege ich mich an der frischen Luft, was eine erhöhte Sauerstoffzufuhr und damit … bla, bla, bla.

Aber im Endeffekt ist es nicht wichtig. Es macht mich glücklich.

NACHWÖRTCHEN

Wenn ich an mir heruntergucke, muss ich Ihnen sagen: In die Jeans, die ganz oben, ganz hinten im Schrank liegt, passe ich immer noch nicht hinein. Aber ich sehe in meinen alten Jeans etwas knackiger aus. Wenn ich morgens aufstehe, melden sich auch nicht mehr alle möglichen Knochen zu Wort, sondern stehen einfach anstandslos mit auf. Insofern war dieses Projekt durchaus ein Erfolg, auch wenn es mal wieder ganz anders ausging, als sich mein Fusselhirn das zu Beginn ausgedacht hatte.

Falls Sie eine der Sportarten aus diesem Buch praktizieren und der Meinung sind, ich habe sie ungerecht behandelt: Das kann sein. Ich habe lediglich beschrieben, wie sie sich mir gegenüber an einem bestimmten Ort und zu einem bestimmten Zeitpunkt präsentiert hat.

Ich weiß auch, dass nicht alle Menschen ein Pferde-Gen besitzen, auch wenn mir völlig schleierhaft ist, warum. Wenn Sie also beim Anblick von Pferden nicht ins Schwärmen kommen, sondern sich davon überzeugen, dass die Fluchtwege frei sind, ist das vielleicht nicht der richtige Sport für Sie. Aber es gibt einen, da bin ich mir ganz sicher. Sie müssen ihn nur finden.

Zeitfracht Medien GmbH
Ferdinand-Jühlke-Straße 7
99095 Erfurt, Deutschland
produktsicherheit@kolibri360.de

Druck:
CPI Druckdienstleistungen GmbH
im Auftrag der
Zeitfracht Medien GmbH
Ein Unternehmen der Zeitfracht - Gruppe
Ferdinand-Jühlke-Str. 7
99095 Erfurt